海外進出の実務シリーズ

台湾
の会計・税務・法務
Q&A

EY新日本
有限責任監査法人【編】

税務経理協会

刊行にあたって

本書を手に取っていただき，ありがとうございます。

本書は，台湾における会計，税務，会社法などに関する基本的な情報を提供することにより，日本から台湾へ赴任される皆様や台湾へ進出，投資を検討されている皆様のビジネスの成功を支援するために編纂されました。

台湾は，経済分野において半導体や電子部品産業を中心に急速に成長し，アジア太平洋地域において多くのビジネスチャンスが存在する国の一つです。しかしながら，新たな市場に進出する際には，その国の独自の法制度やビジネス環境を理解することが不可欠です。

台湾においても例外ではなく，外資に対する規制や特有の会計，税務，法制度などがあります。本書には，これまで弊法人に問い合わせをいただいた数多くの事例を踏まえた，台湾への赴任や進出，またはその後のビジネス活動にあたって必要となる基本的な知識，そして，台湾でのビジネス展開において成功するためのヒントや実務的なアドバイスが収録されています。

これらが台湾でのビジネスに関わる方々にとって，有用なリソースとなれば幸いです。

我々EY台湾及びEY新日本有限責任監査法人は，豊富な専門知識と経験を活かし，本書の執筆に取り組みました。台湾の複雑な法規制や制度について，分かりやすく解説し，ビジネス展開におけるリスクを最小限に抑えるお手伝いをしたいと考えております。

本書が，台湾でのビジネス活動をより効果的かつ円滑に進めるための貴重な情報源となりますことを願っております。

　最後に本書の刊行にあたって，税務経理協会の皆様，関係者の皆様には多大なご尽力をいただきました。この場をお借りしまして厚く御礼を申し上げます。

　2024年4月
EY台湾，EY新日本有限責任監査法人執筆陣一同

［ 目 次 ］

刊行にあたって

第1章 | 台湾の基本データ

- **Q1** 台湾の概況／2
- **Q2** 台湾の経済状況／4

第2章 | 台湾への進出・投資にあたって

- **Q3** 日本から台湾への投資する際の規定，概要／12
- **Q4** 台湾の外資規制業種／13
- **Q5** 台湾への進出形態／16
- **Q6** 子会社の設立手続き／20
- **Q7** 支店の設立手続き／22
- **Q8** 代表者事務所の設立手続き／24
- **Q9** 工事事務所の設立手続き／26
- **Q10** 投資優遇措置／27
- **Q11** 合弁による進出について／30

第3章 | 台湾の会社法と組織及び運営について

- **Q12** 台湾の会社法の概要／34
- **Q13** 株式会社の組織について／35
- **Q14** 定時株主総会までのスケジュール／36
- **Q15** 董事会，株主総会における決議要件／36
- **Q16** 定款記載事項／42

Q17 董事及び董事会／43

Q18 董事の権限，責任，禁止行為／44

Q19 董事長と総経理（経理人）／45

Q20 監察人／46

Q21 従業員報酬／47

Q22 利益処分／49

Q23 台湾の監査制度／51

Q24 役員の選任・解任／52

Q25 役員報酬の会社法・税務上の取扱い／53

Q26 種類株式／54

Q27 増資・減資について／55

Q28 債務超過における留意点／56

第4章 | 台湾の会計制度について

Q29 台湾の会計制度／60

Q30 EAS（Enterprise Accounting Standard）について／60

Q31 EASとIFRSの差異について／62

Q32 会計年度／64

Q33 帳簿，証憑の保存について／64

第5章 | 台湾の税制度について

Q34 税金の種類／68

Q35 法人税／70

Q36 法人税の計算と申告／71

Q37 中間納付制度／72

Q38 法人税申告書に対する監査／73

Q39	繰越欠損金／74
Q40	固定資産の資産計上と修繕費／75
Q41	資産の廃棄及び除却／76
Q42	貸倒損失及び貸倒引当金／77
Q43	交際費／79
Q44	損金算入要件／81
Q45	未処分利益に対する課税／84
Q46	台湾源泉所得と源泉徴収制度／85
Q47	非居住者における源泉所得税の軽減方法／88
Q48	各国との租税協定／91
Q49	日台租税協定の概要／92
Q50	日台租税協定の適用にあたって／93
Q51	外国税額控除／96
Q52	法人所得税上の罰則／97
Q53	営業税／98
Q54	統一発票／100
Q55	営業税の計算・申告納税方法／103
Q56	仕入税額控除と営業税の還付／106
Q57	営業税のゼロ税率と免税取引／107
Q58	越境電子商取引と営業税／109
Q59	営業税法上の罰則／111
Q60	関税と保税エリア／114
Q61	移転価格税制／115
Q62	BEPSについて／117
Q63	ミニマムタックス制度／119
Q64	過少資本税制／121
Q65	税務調査／122
Q66	税務上の救済措置／124

Q67 その他の税金／125

Q68 連結納税・グループ通算制度の有無・タックスヘイブン税制／130

第6章 個人にかかわる制度(労働許可・ビザ・所得税・労働基準法・各種社会保障制度等)

Q69 労働許可と外国人雇用／136

Q70 ビザ・外国人居留証／139

Q71 外国特定専門人材／143

Q72 就業ゴールドカード／146

Q73 個人所得税の概要／147

Q74 日本人駐在員の税務申告／149

Q75 駐在員の手当と専門人材の租税優遇／154

Q76 個人のミニマムタックス／157

Q77 個人所得税の申告計算方法／158

Q78 個人所得税計算の具体例／163

Q79 個人所得税に対する租税協定の適用／165

Q80 労働基準法／166

Q81 賃金及び勤務時間／167

Q82 法定休日と有給休暇／170

Q83 解雇事由／173

Q84 異動命令／175

Q85 競業避止義務／176

Q86 職場における平等／177

Q87 労使紛争／179

Q88 健康保険／180

Q89 労働保険／183

Q90 退職金制度／184

Q91 外国人の就業違反に対する罰則／187

第**7**章 | 組織再編・資金調達・台湾での上場について

- **Q92** 企業結合／196
- **Q93** 簡易合併と簡易分割／197
- **Q94** 現金以外を対価とする企業再編／199
- **Q95** 子会社の解散・清算／200
- **Q96** 子会社の資金調達の方法／201
- **Q97** 外国人の不動産取得／202
- **Q98** 不動産に関する税金／204
- **Q99** 株式市場の概要／211
- **Q100** 株式市場への上場要件／212
- **Q101** 外国会社の直接上場／214
- **Q102** セカンダリー上場／216
- **Q103** 公開会社の開示ルールと内部統制監査の必要性／218

索引／223

本書を執筆するに際しては最新の情報を掲載するように努めておりますが，各種制度については常に追加・変更が行われています。したがって，実際の手続や関係当局への申請および交渉にあたっては，常に最新の情報を確認し，必要に応じて会計事務所等の専門家に相談なさることをお勧めします。

第 1 章

台湾の基本データ

● Point ●

　本章では，台湾の概要及び基本データ等をまとめています。先進国の一角として台湾の経済が堅調に推移していることや，人口構成が，日本と同様に高齢化していることが分かります。

Q1 台湾の概況

台湾の概況について教えてください。

Answer

1 台湾の概要

(1) 面積　３万6,197平方キロメートル

(2) 人口　2,342万人（2023年末時点）

(3) 首都　台北

(4) 民族　中国系，原住民少数民族

(5) 言語　中国語（公用語），台湾語，客家語

(6) 宗教　仏教，キリスト教，道教，その他

（台湾行政院主計処統計及びジェトロウェブサイトより）

　台湾は日本の南東に位置し，台湾，澎湖，金門，馬祖，東沙諸島等の土地を管轄領有しています。面積は九州やオランダとほぼ同じ36,197平方キロメートルで，１平方キロメートル当たりの人口は641.27人（2022年台湾内政部統計）と世界の中でも高い人口密度となっています。公用語は中国語ですが，文字は中国大陸で使用される簡体字ではなく，簡略化されていない伝統的な繁体字が使用されています。

　台湾の歴史としては，17世紀頃までのオランダやスペインによる植民地支配を経て，清朝時代より漢民族の移住が進みます。また，北方から客家人の移住も増え，台湾語，客家語といった言語が残る所以となっています。

　19世紀末，日本が日清戦争に勝利すると台湾の統治権を得て，以降50年間に渡る日本の植民地時代を迎えることになります。台湾に対する日本の植民地政策は，道路，上下水道，ダム，電気，通信等のインフラの整備，教育の普及，

治安維持と，当時の日本の知識と技術を駆使したものでありました。

　1911年，中国大陸では辛亥革命によって中華民国が成立し，この年を元年とした中華民国暦が現在も台湾で使用されています。1945年，日本の敗戦によって台湾の領有権が放棄され，中華民国による台湾統治が始まります。当時の中華民国の代表である蒋介石は，毛沢東率いる共産党とのいわゆる国共内戦を経て，国民政府を台湾に移転し，以降約40年間に及ぶ戒厳令を布告し，独裁色の濃い政権となりました。

　1952年に日華平和条約を締結しましたが，1970年代になると，中国大陸の中国共産党が勢力を強め，国連が中華人民共和国を中国を代表する国家として承認し，台湾の中華民国政府は国際連合において中国としての代表権を失いました。同時に，1972年の日中共同宣言によって日華平和条約は無効化され，日本と台湾は断交するに至りました。正式な国交がない状態は現在も続いていますが，日本と台湾では，民間機関の組織が相互に置かれ，経済的，人的交流が続けられています。

　1987年7月に戒厳令が解除されると共に，政治の自由化と民主化が急速に推進され，1996年3月には初の総統直接選挙が実施されました。2020年1月の総統選では，民主進歩党（民進党）の蔡英文が再選し，同日に行われた立法委員（国会議員）選挙では，民進党が単独過半数を維持し，2020年5月より蔡英文の2期目の政権が始まりました。2024年1月の総統選では，同じく民主進歩党（民進党）の頼清徳が当選し，台湾史上初めて同じ政党が3期続けて政権を担うことになっています。

2　政治体制

(1)　体制：三民主義（民族独立，民権伸張，民生安定）による民主共和制であり，また，「立法」，「司法」，「行政」，「考試」，「監察」の五権分立制を採用し五権それぞれに「院」を設置しています。

　このうち，「考試」は，公務員の採用試験や任用，管理等を行い，日本の人事院に相当するものです。また，「監察」は，公務員・国家機関の不正に

3

対する弾劾権・糾挙権の行使や国政調査等を担っています。

(2) 元首：蔡英文総統　2016年5月20日に就任，2020年5月20日より2期目。

(3) 議会制度：立法院（定数113議席，任期4年）から成る一院制。

(4) 政権与党：民主進歩党（民進党）

(5) 行政区分：第1級行政区分を6直轄市（台北市，新北市，桃園市，台中市，台南市，高雄市）とし，また，第2級行政区分を3省轄市（基隆市，新竹市，嘉義市）と13県に区分。

Q2　台湾の経済状況

台湾の経済状況について教えてください。

Answer

【主要指標】

主要産業	電子・電気，化学品，鉄鋼金属及び機械
GDP（2022年）[1]	7,614億米ドル
1人当たりGDP（2021年）[1]	33,059米ドル
経済成長率（2022年）[1]	2.59％
消費者物価上昇率（2023年）[1]	5.52％（2021年比）
失業率（2023年）[1]	3.48％
貿易[1]	① 貿易額（2022年）
	輸出額　4,794億米ドル
	輸入額　4,280億米ドル
	② 主要貿易品目
	輸出：電子電気機械，鉄鋼金属製品，精密機械，プラスチック製品
	輸入：電子電気機械，原油・鉱産物，鉄

鋼金属製品，化学品

③　主要貿易相手国

　　輸出：中国，香港，米国，日本

　　輸入：中国，日本，米国，韓国

通貨／為替レート　　　　　新台湾ドル

　　　　　　　　　　　　　1 米ドル＝約31.14新台湾ドル

　　　　　　　　　　　　　1 新台湾ドル＝約4.72円

　　　　　　　　　　　　　（いずれも2024年1月30日時点）

＊1　出典：台湾政府統計

【日本との関係】

対日貿易＊2　　　　　　①　品目

　　　　　　　　　　　　　輸出（台湾⇒日本）：電子部品，金属・金属製品，情報通信機器，一般機器，化学製品

　　　　　　　　　　　　　輸入（日本⇒台湾）：一般機器，電子部品，化学品，金属・金属製品，プラスチック・ゴム

　　　　　　　　　　　②　貿易額（2021年）

　　　　　　　　　　　　　輸出（台湾⇒日本）　292億ドル

　　　　　　　　　　　　　輸入（日本⇒台湾）　561億ドル

日本の直接投資＊1　　　主要投資認可額（2021年）231件 7 億ドル

在留日本人＊3　　　　　20,345人（2022年10月 1 日現在）

＊1　出典：台湾政府統計
＊2　出典：JETRO
＊3　出典：日本外務省海外在留邦人数調査統計

　日本との関係では1952年に日華平和条約が締結されましたが，1972年の日中共同宣言によって同条約が無効化され，公式には日本・台湾は断交されています。但し民間レベルでは交流は続けられ，日本の貿易相手国でも台湾は輸出先で 4 位，輸入先で 4 位（共に2020年）となっており，互いに主要な貿易相手国で

あり，緊密かつ良好な関係が維持されています。2011年の東日本大震災の際には，世界に先駆けて台湾から260億円の義援金が贈られたことは記憶に新しいところです。

【図1　経済成長率の推移】

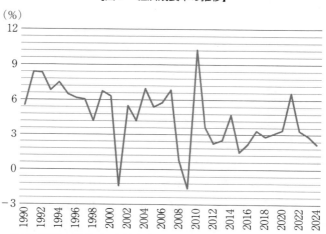

（%）

※　2019年以降の数値は，国際通貨基金による推計値（2022年10月時点）
（国際通貨基金のデータより作成）

　台湾経済は堅調に推移しています。過去には，アジア通貨危機，リーマンショックといった国際的な経済危機等の影響を受けて，成長率が一時的にマイナスを記録したこともありましたが，近年では概ね３％前後の成長率による堅調な経済成長を遂げています。2021年では，新型コロナウィルスへの対応と世界的な半導体不足の追い風もあり，6.6％の経済成長を果たしました。今後も，世界経済の影響によっては見直しがなされる可能性がありますが，国際通貨基金の予測（2022年10月）では，2022年，2023年について，スローダウンしているものの継続して約２％～４％程度の成長率が見込まれています。

　１人当たりGDP（米ドル建）をみると，1992年時点で10,000ドルを超えると，その後も順調に成長を続けており，続く20年で倍以上の水準まで増加し，2022年には35,000ドルを超えました。経済の堅調な拡大によって，引き続き増加す

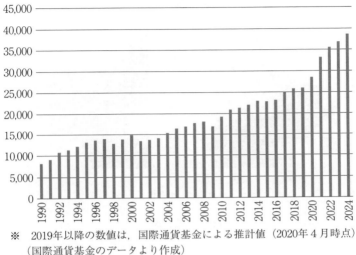

【図2　1人当たりGDPの推移（ドル）】

※　2019年以降の数値は，国際通貨基金による推計値（2020年4月時点）
（国際通貨基金のデータより作成）

ると見込まれており，国際通貨基金の推計によれば，2024年には40,000ドル近い水準となる見通しです。

　台湾の人口は，過去20年間，年平均2％増のペースで増加し，2023年12月時点では23百万人となっています。1986年では16百万人であり，大きな増加を果たしています。しかしながら，人口構成をみると，先進国である台湾も日本と同じく若年層の人口が少ない「つぼ型」となっています。65歳以上の人口比率は，日本は28.86％（出典：総務省統計局2021年10月1日）に対して，台湾では16.85％となっていますが，今後20年間に急速に高齢化が進む状況となっています。

　台湾の物価は，アジア通貨危機やリーマンショック等の国際金融市場の影響により輸入品物価が上昇したことにより，全体の物価動向に影響を与えた時期もありましたが，2000年以降は概ね1％前後で推移していました。しかしながら，2016年以降，新型コロナウィルスの蔓延，ロシア・ウクライナ戦争の影響もあり，物価の上昇は著しく，台湾行政院主計処の統計では，消費者物価指数（CPI）は2016年から2022年までで7.4％上昇しています。

【図3　年齢別人口ピラミッド（日本と台湾の比較）】

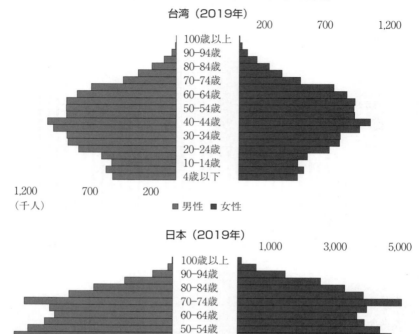

（国際連合のデータより作成）

　また，台湾の失業率については，近年では概ね３％後半で推移しており，新規求人倍率1.64（2022年９月台湾行政院労働部統計）と雇用情勢は比較的安定しています。なお，堅調な経済成長と共に，月平均賃金については，57,718台湾ドル（2022年台湾行政院主計処統計工業）となっており，毎年１～３％程度増加しているものの，賃金水準は先進国の中では低い水準にあります。

　経常収支の推移をみると，情報通信技術を中心とした製造業が発展してきた

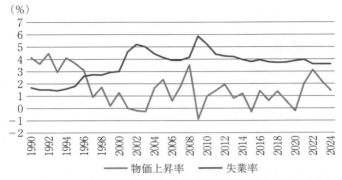

【図４　物価上昇率と失業率の推移】

※　2019年以降の数値は，国際通貨基金による推計値（2020年４月時点）
　　（国際通貨基金のデータより作成）

【図５　経常収支の推移】

※　2019年以降の数値は，国際通貨基金による推計値（2020年４月時点）
　　（国際通貨基金のデータより作成）

　台湾は，1990年以降一貫して経常収支黒字が続いています。

　台湾経済の動向を左右する要因の一つは，今後も台湾の主要産業であるIT関連の需要動向と言えます。AIやデジタル経済，あらゆるデバイスや生活用品のIT化等の影響もあって，比較的安定成長が見込まれています。他方，新型コロ

ナウィルスの収束傾向の一方，世界的な景気後退の影響によって先行きは見通しにくいですが，台湾経済自体は堅調に推移する傾向にあります。

Column　台湾の言語事情

　台湾に出張される方，旅行者の方に「台湾で利用される言語」は何かよく質問されます。台湾語？　または中国語？

　台湾の公用語は中国語で，その中でも北京語／マンダリンがベースとなったものです。職場，日常生活，学校教育で利用される言語の大半は，中国語となっています。

　台湾で利用される歴史から台湾華語とも呼ばれ，以下のような点で中国大陸とは異なる部分もあります。
- 簡体字ではなく伝統的である繁体字が利用される
- 中国大陸では巻舌発音が多いことや，一部，発音や読み方が異なる
- 言い回しや文法，用法が異なることもある

　公用語は中国語ですが，台湾にはこの他にも，台湾語，客家語，原住民族の各種言語など，実は20を超える多くの言語が存在しています。

　そのため，テレビ番組では中国語の字幕がつくことが多く，電車やバスといった公共の交通機関でも一度に複数の言語がアナウンスされます。

　日本に各種方言があるのと同様，台湾にも様々な言語が活きています。

第 2 章

台湾への進出・投資にあたって

● Point ●

　台湾への進出・投資にあたっては，まず，進出可能な形態とそれぞれについて対応可能な事項，そして，規定に則した進出手続きを理解する必要があります。

　また，各進出形態によって，法律上，税務上の差があるため，留意する必要があります。

Q3 日本から台湾への投資する際の規定，概要

日本から台湾へ投資する際の規定，概要について教えてください。

Answer

外国から台湾への投資または進出後の事業運営形態は，大きく分けて，子会社，台湾支店，台湾代表者事務所，特殊な目的のために設立する工事事務所及び営業代理人の５種類に分類されます。

ここで言う投資とは，以下の項目を指します。
・台湾の会社の株式または出資額を保有すること。
・台湾内において支店，単独出資またはパートナーシップ事業を設立すること。
・前２号で投資した事業に対して，１年以上の期間の貸付を行うこと。

台湾における外国人の投資審査手続きは「事前認可」制が採用されており，外国投資家は投資を行う前に主管機関に申請を行う必要があります。

この他，代表者事務所や駐在事務所，工事事務所による形態の進出は，後述の通り，別途申請や登記などを実施の上で進出することになります。

外国資本の投資にあたっては，所在地区や会社の性質によって以下の主管機関に申請をして許可を得ることになります。
・通常（下記以外の会社）→経済部投資審議司
・科学園区（サイエンスパーク）内の会社→科学園区（サイエンスパーク）管理局

・加工出口区（輸出加工区）内の会社→経済部加工出口区（輸出加工区）管理処
・台湾証券取引所や台北エクスチェンジ，エマージング市場登録会社への投資→金融監督管理委員会証券期貨局（1度に10％以上の株式持分の投資を行う場合は，さらに経済部投資審議司への申請も必要）

それぞれ，進出手続きの詳細については，「Q6　子会社の設立手続き」以降を参照ください。

なお，投資にあたって注意すべき事項は，中国大陸の資本が入っているかで，次の2点がポイントになります。
・中国資本による直接及び間接出資比率が30％を超えているか
・各投資段階で中国資本投資者が支配権を有しているか
上記2点のいずれかに該当する場合は，適用される規定が異なりより多くの制限がありますのでご注意ください。

Q4　台湾の外資規制業種

外国からの投資が禁じられている，または制限されている業種はありますか。

Answer

外国からの投資にあたっては，禁止されている業種，及びネガティブリストとして制限されている業種があります。

国家の安全，公共の秩序，公序良俗または国民の健康に対して不利な影響を及ぼす事業，法律により投資が禁止されている事業については，投資が禁止されています。

また，一部の業種については，管轄当局の申請と許可を得て事業を営むことができます。

投資にあたっては禁止された業種でないか，制限のある業種で特別な許可が必要でないか，確認をすることが必要となります。

2018年2月8日行政院令修正公布による主な禁止業種とネガティブリスト（制限）業種は，以下の通りです。

投資が禁止されている業種

業種分類	細目
基本化学材料製造業	軍用のニトログリセリン製造（火薬または爆薬の製造用に供するもので，公共の安全等にかかわるニトログリセリンの場合）
	水銀法による塩化ソーダ
	国連化学兵器禁止公約において第1種指定物質のリストに掲げる物質
	CFC，ハロン，トリクロロエタン，テトラクロロメタン
他の化学製品製造業	軍用火薬信管，導火剤，雷酸水銀
他の金属製造業	金属カドミウム精錬工業
その他汎用機械装置製造業	軍用火器，武器システムの製造，銃器の修理，弾薬，射撃統制システム（軍機は除外），高性能武器システム（例：レーザー，マイクロ波，電磁砲）及びその他のハイテク兵器システム
公共バス，旅客輸送業	路線バス，高速バスを含む
タクシー業	
その他自動車旅客輸送業	観光バス旅客輸送業
郵便業	
ラジオ放送業	無線ラジオ放送業
テレビ番組の編成及び放送業	無線テレビ放送業（衛星テレビ放送事業は除く）
郵便貯金為替業	

その他の法律サービス業	民間公証人サービス
特殊娯楽業	

投資が制限される主な項目（営むためには特別な許可を必要とする項目）

小分類業種別	項目
米作農業	
雑穀農業	小麦，蕎麦及びハトムギ以外の栽培
特用作物栽培業	漢方薬草及び保健にかかる特用作物以外（茶を除く）の栽培
野菜栽培業	有機野菜及び施設栽培（植物工場に限る）以外の野菜の栽培
食用きのこ類栽培業	
その他の農作物栽培業	
養牛業	
養豚業	種豚の飼育
養鶏業	種鶏の飼育
養鴨業	種鴨の飼育
その他牧畜業	
林業	
漁業	
たばこ製造業	
化学原材料製造業	ニトログリセリン製造（火薬または爆薬の製造の用に供し公共の安全等にかかわるニトログリセリンでないもの）
コンピュータ，電子製品及び光学製品製造業	軍事計測機器設備
分類されていないその他の輸送用機器及び部品製造業	軍用機の製造及び整備

分類されていないその他の製造業	象牙加工
電力供給業	送電・配電業
ガス燃料供給業	パイプラインによるガス燃料供給業
水道業	上水道業
海運業	船舶輸送業
国内河川及び湖輸送業	
航空運輸業	
航空運輸補助業	空港地上勤務，機内食業者，空港経営管理
テレビ番組の編成及び放送業	衛星テレビ放送事業（衛星チャンネル番組供給事業）
電気通信業	有線テレビ放送システムの経営，衛星テレビ放送事業（生放送による衛星テレビ放送サービス事業）または第一類電気通信事業
地政士事務サービス業	土地登記にかかる専門代理サービス

　なお，Q3記載の通り，中国資本が入っている場合は，上記の禁止・制限リストの適用も異なりますので，別途検討が必要となります。

Q5 台湾への進出形態

　台湾への進出形態にはどのようなものがありますか。それぞれのメリット・デメリットも教えてください。

Answer

　外資の台湾での投資または進出後の運営形態は，子会社，台湾支店，台湾代表者事務所，特殊な目的のために設立する工事事務所及び営業代理人と，大きく5種類に分類されます。主な相違は下表の通りとなります。

　なお，進出するにあたっては，それぞれの税負担，進出や撤退の手間・コス

ト，事業の内容を総合的に勘案する必要があります。台湾への進出にあたって
は，まず進出事業の目的が重要と考えられます。すなわち，台湾において継続
的に事業を行う場合には子会社か支店の選択肢が多いと考えられますし，特定
のプロジェクトなど，閉鎖・撤退を予定している場合には支店か工事事務所で
の検討が多いと見受けられます。また，プロジェクトの入札の要件などによっ
ては，必然的に選択肢が絞られることもあります。

基本的相違

	子会社 （非閉鎖性股份有限公司）	支店	代表者事務所	工事事務所	営業代理人
主な目的	営業行為への従事	営業行為への従事	法律行為への従事	特定契約の履行	代理行為
根拠法令	会社法	会社法	会社法	所得税法	所得税法
法人格の有無	あり	なし	なし	なし	なし
営業登記	あり	あり	（注１）	あり	あり
営業項目の制限	ネガティブ・リスト	ネガティブ・リスト	ネガティブ・リスト	契約による	契約による

注１：国税局に従業員の給与または賃料の源泉徴収申告用の源泉徴収番号の申請は必要

組織上の相違

　基本的に，子会社については，会社法における株主総会や役員などの組織に
関する規定が適用されますが，その他については規定が限定的となっています。

	子会社	支店	代表者事務所	工事事務所	営業代理人
株主	最低でも2名の株主が必要。法人が株主の場合，当該法人の一人株主も可	適用なし	適用なし	適用なし	適用なし
董事	株主総会において行為能力を有する者から最低でも3名の董事を選出する 会社の定款規定に定めることにより，董事を1名または2名とすることができる	適用なし	適用なし	適用なし	適用なし
代表者	董事長	代表者は，以下の通り分類される。 (1) 訴訟及び非訴訟代表者としての外国会社の中華民国内における代表者 (2) 支店の経理人としての台湾支店の責任者	代表者	工場責任者	適用なし
代表者の居留証の要否	なし	なし	なし	なし	適用なし
居留証を申請するための理由	投資または雇用	雇用	契約履行	契約履行	適用なし
監察人（日本でいう監査役）	一人法人株主の会社の場合，会社の定款規定に定めることにより監察人を置かないことも可能 その他については，最低でも1名の監察人を置く	適用なし	適用なし	適用なし	適用なし

| 株式（持分）譲渡 | ・譲渡が可能
・株券を発行している場合：証券取引税（0.3％）及び証券取引所得（現時点では非課税）
・株券を発行していない場合：売却益を財産取引所得とする | 適用なし | 適用なし | 適用なし | 適用なし |

税務上の相違

　代表者事務所を除き，台湾で営利事業を行うことを前提としているため，税金に関する規定があります。

　子会社の形態では，会社法によって配当に関する規定があるため，これに関する税制（未処分利益に対する追加課税，国外利益配当に対する源泉税）があります。

	子会社	支店	代表者事務所	工事事務所	営業代理人
営利事業所得税率	事業利益の20％	事業利益の20％	適用なし	事業利益の20％または契約金額の3％	事業利益の20％
営利事業所得税の中間納付	必要	必要	適用なし	必要	適用なし
台湾での納税方法	確定申告	確定申告	適用なし	確定申告	確定申告
国外への利益の送金にかかる源泉徴収税率	21％（租税協定がある場合，21％か租税協定にて規定される税率のいずれか低い方の税率を適用可能）（Q50参照）	適用なし	適用なし	適用なし	適用なし

未処分利益にかかる追加課税の税率（Q45参照）	5％	適用なし	適用なし	適用なし	適用なし
営業税率	5％	5％	—	—	
輸出ゼロ税率の申請可否	可能	—	—	—	

Q6　子会社の設立手続き

子会社の設立手続きについて教えてください。

Answer

　外国会社が台湾で子会社を設立する場合，「外国人投資条例」に従って，経済部投資審議委員会から外国人投資許可を取得し，台湾の会社法に従って営利目的の会社として登記する必要があります。

子会社設立手続きの概要

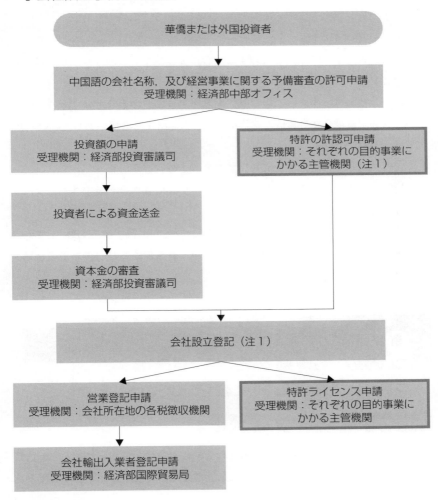

注1：受理機関
・ 設立時の払込資本金が5億台湾ドル以上の場合，経済部商業発展署
・ 設立時の払込資本金が5億台湾ドル未満の場合：経済部中部オフィス，台北市政府，
　 高雄市政府，新北市政府，台中市政府，台南市政府，桃園市政府

会社設立手続きのポイント

- ・着手から登記完了までの所要期間：約1.5か月から2か月（但し，特許ライセンスの申請時間は含まれない）。
- ・会計事務所などに申請を代理する場合は委任状が必要となり，日本の公証が必要。
- ・登記会社名称は中国語に限られ，国名を名称に含めることはできない。
- ・設立登記及び税籍登録時，定款を作成し，提出する必要がある（定款記載事項の詳細はQ16参照）。
- ・実際払込みをした資本金に対しては会計士の監査が必要。
- ・最低資本金の制限はないが，業種によって最低資本金が設定されるケースもある。
- ・設立登記後，従業員の雇用がある場合は，労工保険局（台北の場合）または健康保険署（台北以外の場合）に労働保険，健康保険及び労働者退職金加入機関の設立申請が必要。

Q7　支店の設立手続き

支店の設立手続きについて教えてください。

Answer

外国の法律に従って組織され登記された既存の会社が営利を目的として台湾内で支店を設立する場合，経済部商業発展署を通じて支店登記を行う必要があります。

支店設立手続きの概要

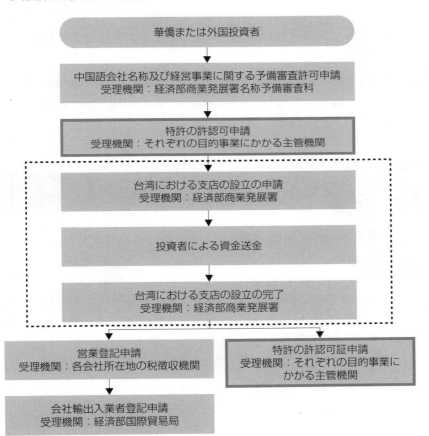

支店設立手続きのポイント

・着手から登記完了までの所要期間：約1か月から1.5か月（但し，特許ライセンスの申請時間は含まれない）。

・台湾内の責任者を指名するため，委任状が必要となるが，主管機関は必要な場合に公証または認証を求めることができるものとされる。

・実際払込みをした支店の運営資金（登録資金）に対しては会計士の監査が必

要

・最低運営資金の制限はないが，支店の台湾事業を行うにあたって，入札が必要な場合，当該入札時に最低運営資金や純資産要件が定められていることがある。

・設立登記後，従業員の雇用がある場合は，労工保険局（台北の場合）または健康保険署（台北以外の場合）に労働保険，健康保険及び労働者退職金加入機関の設立申請が必要

Q8 代表者事務所の設立手続き

代表者事務所の設立手続について教えてください。

Answer

外国会社が台湾内で子会社または支店を設立して事業や営業を行う意思がなく，単に代表者を派遣して台湾内に事務所を設置する必要がある場合，会社法第386条の規定に従い，経済部商業発展署に代表者事務所の登記申請を行います。

代表者事務所の設立手続き

項目	処理日数	項目	申請先	必要書類
1.	7-14日	台湾における代表者事務所の設立申請	経済部商業発展署	(1) 申請書 (2) その他機関の許可書（法に基づき目的事業にかかる主管機関による許可を受ける必要がある場合，許可文書の写しを添付する。不要な場合は送付の必要はない） (3) 法人資格証明書の写し (4) 台湾内における代表者の委任状（必要な場合，主管機関は公証または認証を求めることができる） (5) 台湾内における代表者の身分証明書の写し (6) 建物所有権者の同意書の写し及び所有権証明書の写し (7) 外国会社事務所設立登記表2通
2.	7日	所轄税務機関に対し，源泉徴収機関統一番号割当通知書の発行を申請する。	国税局	(1) 申請書 (2) 台湾内における代表者の身分証明書の写し (3) 所在地の家屋税の納税証明書の写し。不動産を賃借している場合，不動産賃貸賃借契約書の写しを追加添付する (4) 経済部が発行した，中華民国内での事務所設立許可書

代表者事務所のポイント

・代表者事務所は，会社法第386条に従って設立され，台湾で営業行為を行うことはできません。また，台湾内に事務所を設置するためには，代表者を派遣し，主管機関である経済部商業司に対して必要な申請事項を提出する必要があります。

・外国会社の台湾代表者事務所は，国税局が発行する源泉徴収単位番号の割当通知書を受領した後，外国会社名義にて銀行に台湾ドル建て口座の開設することができます。

・事務所は台湾内に住所を有する必要があります。

・代表者事務所は，当該外国会社の台湾内における訴訟及び非訴訟事務を処理することになります。但し，台湾の財政部は，上記行為の一部を営業行為とみなし，当該外国会社が台湾内に恒久的施設を有していると認定される可能性がある点に留意する必要があります。

Q9 工事事務所の設立手続き

工事事務所の設立手続について教えてください。

Answer

　外国の営利事業体，機関，団体または組織が，台湾内において一定期間の工事を請負い，各種工事，機械設備の据付，修理及び指導等のサービスを継続して提供する場合，税務申告目的にて，営業所所在地における税務主管機関に対して，通称「工事事務所」の営業登記申請を行います。

　これは，台湾で子会社または支店を設立していない状況においても，一般の台湾法人と同様に税務申告を実施するための制度です。

　工事事務所は，日本企業の自己の名義により国税局に統一番号及び税籍番号を申請しなければならず，これによって台湾で税務申告手続きを行うことになります。

工事事務所の設立手続き

　基本的には，国税局に工事事務所の税務登記申請手続きを行うだけで足ります。

項目	処理日数	手続事項
1.	―	本社の登記資料及び工事事務所責任者の委任にかかる委任状の準備
2.	5日	登記資料の準備
3.	7-10日	所轄税務機関に対する源泉徴収機関統一番号割当通知書の発行申請

工事事務所のポイント

・会計年度の設定が必要であり，暦年制（1月1日～12月31日）以外に変更する場合，所轄の国税局に変更許可申請を行う必要があります（Q32参照）。
・居留ビザ，居留証及び就労ビザを申請する必要がある場合，申請者の資格条件に留意が必要です。
・銀行口座の開設にあたっては銀行ごとに手続きが異なることも有るため，予め口座開設を行う銀行に相談することが望まれます。

Q10　投資優遇措置

台湾への投資にあたっての租税優遇はありますか。またその内容について教えてください。

Answer

投資形態ごとに適用される租税優遇があります。

主な租税優遇及び適用される形態は以下の通りです。

法令名・ 条例名	会社形態
産業創新条例	・会社（外国会社子会社は含まれるが，支店は含まれない） ・有限パートナーシップ事業
バイオ新薬産業発展条例	バイオ新薬会社（バイオ新薬産業で，新薬，ハイリスク医療機器及び新興バイオ医薬製品の研究開発及び製造を行う会社法に従って設立された会社）
文化創意産業発展法	文化創意産業を営む法人，パートナーシップ，単独出資または個人
中小企業発展条例	法に従って会社登記または商業登記を行い，中小企業認定基準を満たす事業 なお，中小企業認定基準第2条によると，中小企業とは，法令に基づき会社登記または商業登記を行い，払込資本金が1億台湾ドル以下，または経常的に雇用する従業員が200人に満たない事業を指します

1 「産業創新条例」

　台湾における産業の創新を目的として設立された期限がある条例です。2019年7月24日に改正条文が公布され、産業構造の最適化と多元的かつ革新的な応用の推進にかかる投資控除を除き、その他の租税優遇について2029年12月31日まで延長となっています。

　租税優遇項目には、研究開発投資控除、産業構造の最適化と多元的かつ革新的な応用の推進にかかる投資の投資控除（スマートマシン及び5G移動通信システムの導入に関連した新規ハードウェア、ソフトウェア、技術または技術サービスへの投資、情報セキュリティ投資（2022年より追加））、個人技術にかかる株式の取得または創業者に対する株式による分配のより低い価格での課税（株式取得時の時価または譲渡時の時価の選択）、従業員に対する株式報酬のより低い価格での課税（株式取得時の時価または譲渡時の時価の選択）、有限パートナーシップベンチャーキャピタルへのパススルー事業体の概念の適用、エンジェル投資家に対する租税優遇、または投資による未処分利益に対して追加で課される5％の営利事業所得税に対する実質投資の控除による減税等があります。

産業創新条例における主な項目

- ・研究開発投資控除（第10条）：新製品、新サービスにかかる業務やシステム等の開発や設計にかかる活動や新たな原材料や部品の開発活動に伴い発生した人件費や研究開発目的の消耗品、原材料、サンプル、研究開発のためだけに購入した特許権等に関するコストについて、法人所得税の申告3か月前より申請し認定を得ることで税額控除が可能。投資額に対する控除率は、当年度のみで控除する場合は15％、3年間に渡って控除する場合は10％を、それぞれ営利事業所得税より控除ができる（ただし営利事業所得税の30％が限度とされる）。
- ・技術出資や創業者出資の分配の税制（第12条の1＆第12条の2）：個人技術にかかる株式取得または創業者に対する株式による分配のより低い価格での課税（株式取得時の時価または譲渡時の時価の選択）を実施
- ・ストックオプションにかかる課税猶予（第19条の1）：従業員に対する株式。

報酬についてより低い価格での課税猶予の適用範囲の拡大。

・実質投資による未処分利益課税の軽減（第23条の3）：実質投資について，未処分利益に対する5％の営利事業所得税の課税対象の減算項目として計上され課税免除（実質投資には，建物，ソフトウェア及びハードウェア設備，技術の購入などが含まれる）。

・スマートマシン，5G，及び情報セキュリティ関連投資にかかる投資額の5％の税額控除（第10条の1）：優遇期間は2024/12/31までの投資とされ，当年度の支出が100万元以上10億元以下の場合適用。なお，投資額に対する控除率は，当年度のみで控除する場合は5％，3年間に渡って控除する場合は3％を，それぞれ営利事業所得税より控除できる。

・将来を見据えた革新的研究開発や先進製造プロセス設備支出の投資税額控除（第10条の2）：「台湾版CHIPS法」などとも呼ばれ，研究開発費の金額が60億元以上，売上収益に対する研究開発費の割合が6％以上等，所定の用件を満たす場合，将来を見据えた革新的研究開発投資の場合は最大25％，先進製造プロセス設備支出の投資の場合は最大5％を，それぞれ営利事業所得税より控除できる。

2 「バイオ新薬産業発展条例」

　2007年7月4日に公布され，直近では2017年1月18日に改正された条例です。施行期間は当初2021年12月31日までであったが，従来の「生技醫藥産業發展條例」から「生技新薬産業発展条例」に名前を変更し，2031年12月31日まで延長されています。租税優遇項目には，研究開発及び人材育成に関する投資にかかる控除，創立または株主の増加に伴う投資にかかる控除，技術関連株式にかかる法人所得税の猶予，高度専門人材または技術投資家へのストックオプション等があります。

3 「文化創意産業発展法」

　2010年2月3日に公布され，直近では2019年1月7日に改正されました。租

税優遇項目には，文化創意活動にかかる寄付は支出限度額内の該当年度の費用または損失の計上が可能，文化創意分野の研究開発及び人材育成に関する投資にかかる控除，または文化創意事業にかかる自社用の機器または設備の国外から輸入時の関連税の免除等があります。

4 「中小企業発展条例」

1991年2月4日に公布され，直近では2016年1月6日に改正されました。租税優遇項目には，研究開発投資にかかる控除，知的財産権の譲渡により取得した新株の課税猶予措置，従業員の追加雇用に伴う給与費用にかかる割増控除，または従業員の昇給に伴う給与費用にかかる割増控除があります。中小企業は，本条例か「産業創新条例」の税制優遇措置のうちいずれかを選択する必要があります。

Q11 合弁による進出について

合弁の形で進出する場合の概要，注意点を教えてください。

Answer

現在では，台湾では，日本からの独資，つまり100％持分の出資も可能ですし，台湾現地企業等との合弁出資も可能です。

台湾現地企業のノウハウ，顧客，販路等を活用するべく合弁による出資も多く見受けられます。合弁での出資には，このようなメリットもありますが，事業を進める中でパートナー企業とトラブルが発生することもあります。そのため，合弁出資にあたっての合弁契約書の整備は重要となります。

合弁契約書の作成にあたっては，一般的に以下の事項がポイントとなりますが，顧問弁護士などに相談をして，自社にとって不利な契約とならないようにすることが重要です。

- ● 基本事項が網羅されているか
  - ・組織内容（名前，組織形態，所在地，出資・資本関係，主要な事業項目など）
  - ・出資以外の出資会社の義務など（技術提供及びその対価など）
  - ・競業避止関係
- ● 設立に関する事項
  - ・払込に関する事項，設立時期，設立事務の担当など
- ● 会社運営
  - ・董事・監察人，任期，各出資者からの人数等／株主総会・董事会の運営
  - ・配当に関する事項
- ● デッドロック条項の重要性

  各決議で議論が停滞した場合の解決案

  例えば，議案提出以外での協議方法，期限，至らない場合の対応方法など
- ● 契約違反・訴訟・紛争関係

  合弁解消，準拠法など

また，現地パートナー企業に事業運営を任せた結果，日本からのガバナンスがおろそかになり，資金を使い込まれたケースもあります。この場合にも，監察人を予め日本から出しておき，いざという時に監査権を行使できるようにしておくなど，事前の組織設定も重要です。

台湾の会社法と組織及び運営について

● Point ●

　本章では，台湾の会社法の概要及び会社組織と運営についてまとめています。台湾進出後の事業運営にあたっては，台湾の会社法に準拠する必要があります。運営に必要な基本的な法規定を整理しました。

Q12 台湾の会社法の概要

台湾の会社法概要について教えてください。

Answer

　現在の台湾の会社法の条文は全部で449条あります。2018年に148条に及ぶ大きな改正があり，11月1日より正式に施行されています。

　大きく9つの章からなり，無限会社，有限会社，株式会社，登記については，さらに小節が設けられています。

　　第1章　総則（1条〜39条）

　　第2章　無限会社（40条〜97条）

　　第3章　有限会社（98条〜113条）

　　第4章　合資会社（114条〜127条）

　　第5章　株式会社（128条〜356条）

　　第6章の1　関係企業(369-1条〜369-12条　※357条〜369条本文は削除されている)

　　第7章　外国会社（370条〜386条）

　　第8章　登記（387条〜446条）

　　第9章　附則（447条〜449条）

無限会社	株式会社	登記
第1節　設立	第1節　設立	第1節　申請
第2節　会社の内部関係	第2節　株式	第2節　手数料
第3節　会社の対外的関係	第3節　株主総会	
第4節　退任	第4節　董事と董事会	
第5節　解散・合併と組織変更	第5節　監察人	
第6節　清算	第6節　会計	
	第7節　社債	
	第8節　新株発行	

第9節　定款変更
第10節　会社更生
第11節　解散・合併と分割
第12節　清算（第1目　普通清算，
　　　　　　　　第2目　特別清算）
第13節　閉鎖性株式会社

Q13　株式会社の組織について

株式会社の組織について教えてください。

Answer

　株式会社の機関は，日本の制度と類似しており，最高意思決定機関の株主総会，業務執行機関である董事及び董事会，当時の業務執行と会計にかかる監査権限を有する監察人が主な機関です。この他，定款に記載した範囲で権限を有する経理人（通常，総経理と呼ばれます）を設置することがあります。

・株式会社の各組織と概要

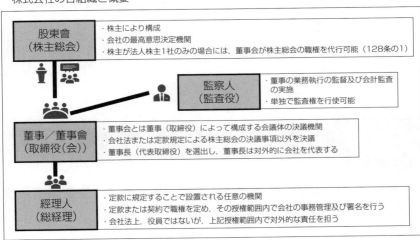

Q14 定時株主総会までのスケジュール

株式会社（非公開発行会社）の定時株主総会までのフロー，対応事項について教えてください。

Answer

株式会社では，毎会計年度終了後，定時株主総会を開催し財務決算書の承認や利益処分等を行います。これにあたって会社法上，董事会で決議すべき事項，監査をすべき事項，株主総会の招集手続きなどが定められています。非公開発行会社の定時株主総会開催までの主なフロー，スケジュールは以下の通りです。

▶ 定時株主総会スケジュール概要

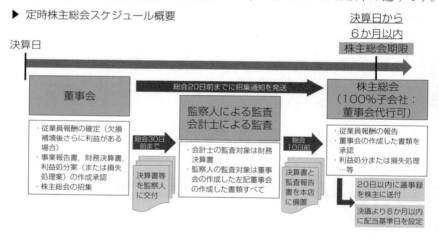

Q15 董事会，株主総会における決議要件

非公開発行会社の董事会及び株主総会における重要議案及び決議方法について教えてください。

　非公開発行会社の董事会及び株主総会における重要議案及びその決議方法について，その性質に応じて以下の通り分類されます。

　まず，董事会及び株主総会には議案の内容に応じて，普通決議と特別決議があり，それぞれの決議方法は以下の通りです。

類別	決議の種類	決議方法
董事会	普通決議	董事の過半数が出席し，その出席董事の過半数による同意
	特別決議	董事の３分の２以上が出席し，その出席董事の過半数による同意
株主総会	普通決議	発行済株式総数の過半数を代表する株主が出席し，その出席株主の議決権の過半数による同意
	特別決議	発行済株式総数の３分の２以上を代表する株主が出席し，その出席株主の議決権の過半数による同意
	累積投票制	１株ごとに，選出すべき董事または監査人の人数と同一の選挙権があり，１人に集中させて投票したり，数人に分配して投票したりすることもできる。選任権を代表する得票がより多い者が当選

1　資本額及び株主資本に関する事項

項目	決議方法			監察人の監査	法規	備考
	董事会	株主総会 注1	董事会			
１．増資						
(1)　会社定款の修正（授権資本金額を増額する必要がある場合）	普通	特別	—	—	会社法 172，277条	注2
２．新株発行（注3）						

(1) 現金による新株発行	特別	―	―	―	会社法 266条	
(2) 現金以外の財産による現物出資を行う場合，会社に対して所有する金銭債権または会社が必要とする技術により充当することができる。その充当額については，董事会による承認を必要とする	普通	―	―	―	会社法 156条	
(3) 他社株の譲受けによる新株の発行	特別	―	―	―	会社法 156-3条	
3．配当または特別配当金						
(1) 財務諸表の承認	普通	承認	―	必要	会社法 228，230条	
(2) 利益分配案の承認	普通	承認	―	必要	会社法 228，230条	
(3) 株式配当	普通	特別	特別	―	会社法172， 240，266条	注2
(4) 現金配当	普通	普通	―	―	会社法 228，230条	
(5) 特別利益準備金の計上	普通	普通	―	―	会社法 237条	
4．従業員報酬(注3)						
(1) 董事会において従業員報酬を現金または株式で支給することを決議						
①現金による支給	特別	報告	―	―	会社法 235-1条	
②株式による支給の場合，発行株式総数						
a 定款に定める資本額を超えない場合	特別	報告	―	―	会社法 235-1， 266条	

38

					関連規定	注
b 定款に定める資本額を超える場合	特別	特別	特別	—	会社法172, 235-1, 266, 277条	注2
5. 法定準備金または資本準備金						
(1) 新株の発行	普通	特別	特別	—	会社法172, 241, 266条	注2
(2) 現金の支給	普通	特別	—	—	会社法241条	
6. 減資						
(1) 会社定款の修正（必要がある場合）	普通	特別	—	—	会社法172, 277条	注2
(2) 年度欠損填補	普通	普通	—	必要	会社法168, 172条	注2
(3) 期中欠損填補（増資を伴う必要がある）	普通	普通	特別	必要	会社法168-1, 172, 266条	注2
(4) 現金による払い戻し	普通	普通	—	—	会社法168, 172条	注2
(5) 現金以外の財産による払い戻し	普通	普通	—	—	会社法168, 172条	注2
7. 自己株式の買戻しによる減資(注3)						
(1) 会社の株式の買戻しによる従業員への譲渡	特別	—	—	—	会社法167-1条	
(2) 買戻した自己株式を，期限到来後も従業員に譲渡しない場合に必要となる抹消登記	普通	—	—	—	会社法167-1条	

注1：報告事項については「報告」と表記する。承認事項は「承認」と表記する。討議事項は，関連規定に従い特別決議または普通決議を要する場合はそれぞれ「特別」，「普通」と表記する。選任事項は「累積投票制」と表記する。

注2：臨時動議として株主総会において提案不可。

注3：支給対象に一定条件を満たす支配会社または被支配会社の従業員を含める予定である場合，事前に定款で明確にこれを定める必要がある。

注4：株主総会前の董事会において発行株式数，金額及び基準日の決議を既に行っており，株主総会決議の結果により支給方法を決定する場合は，再度決議を行う必要はない。

第3章　台湾の会社法と組織及び運営について

董事，監察人，及び経理人に関する事項は，それぞれQ17，20，19参照。
合併・買収に関する事項は，Q92参照。

2. その他の事項

項目	決議方法			監察人の監査	法規	備考
	董事会	株主総会 注1	董事会			
1．解散						
(1) 解散の決議	普通	特別	—	—	会社法 172，316条	注2
2．清算						
(1) 会社定款の変更（清算人の規定）	普通	特別	—	—	会社法172，277，322条，経商字第09802144800号	注2
(2) 株主総会における清算人の別途選定	—	普通	—	—	会社法 322条	
(3) 清算人については，株主総会で解任を決議可能	—	普通	—	—	会社法 323条	
(4) 清算人報酬は株主総会における決定	—	普通	—	—	会社法 325条	
(5) 清算人就任後の会社財産の状況の検査，財務諸表及び財産目録作成後の監査人への送付及び監査後の株主総会への提出と承認	—	承認	—	必要	会社法 326条	
(6) 清算完了後15日以内の清算人による清算期間内の収支計算書，損益計算書，及び各種帳簿の作成と監査人への送付及び監査後の株主総会への提出と承認。	—	承認	—	必要	会社法 331条	

3．財務諸表						
(1) 会社の欠損が払込資本金額の2分の1に達した場合の董事会による直近の株主総会における報告	普通	報告	—	—	会社法 211条	
(2) 年度営業報告書及び財務諸表	普通	承認	—	必要	会社法 219，228，229，230条	
4．その他						
(1) 定款における董事会の任期の変更	普通	特別	—	—	会社法 172，277条	注2
(2) 董事会における代理出席または書面での議決権行使に係る定款における明文の定め	普通	特別	—	—	会社法 172，205，277条	注2
(3) 定款における株式の額面金額の変更，または無額面株式への変更	普通	特別	—	—	会社法 129，156-1，172，277条	注2
(4) 保証人となることができる会社定款の規定	普通	特別	—	—	会社法16，172，277条	注2
(5) 支店の設立（定款変更の必要がない場合）	普通	—	—	—	会社法 130条	
(6) 所在地の移転（同一県市内）	普通	—	—	—	会社法 202条	
(7) 所在地の移転（異なる県及び市）。所在地と会社定款の記載が異なる場合の会社定款の変更	普通	特別	普通	—	会社法 129，172，277条	注2
(8) 種類株式の変更により種類株式の株主の権利が害される場合に，株主総会決議のほかに必要とされる種類株式株主総会の決議	普通	特別	—	—	会社法 157，159，172，277条	注2

(9) 非公開発行株式の株式会社を閉鎖性株式会社に変更する場合の会社定款の変更	普通	株主全員の同意	—	—	会社法356-14条	
(10) 定款への，テレビ会議の方法により株主総会に出席できる旨の明文規定	普通	特別	—	—	会社法172，172-2，277条	注2
(11) 定款への，主管機関への登記上の便宜のための外国語名称の明文規定	普通	特別	—	—	会社法172，277，392-1条	注2

注1：報告事項については「報告」と表記する。承認事項は「承認」と表記する。討議事項は，関連規定に従い特別決議または普通決議を要する場合はそれぞれ「特別」，「普通」と表記する。選任事項は「累積投票制」と表記する。
注2：臨時動議として株主総会において提案不可。

Q16　定款記載事項

定款に記載すべき事項について教えてください。

Answer

　定款は，法人の基本原則であり，株式会社の場合，その設立時において登記すべき事項となります。また，定款変更にあたっては株主総会の特別決議が必要となります。定款には，必ず記載しなければならない絶対的記載事項と，定款に記載してはじめて効力が発生する相対的記載事項があります。その他，会社は，法規定に反せず，公序良俗等に反しない範囲にて，変更手続きを経た上で任意の事項を定款に記載することが可能です。

主な絶対的記載事項 （会社法101，129，235-1条）	主な相対的記載事項 （会社法130条等）
・会社名称 ・営業項目 ・額面制度採用の場合は株式の総数と一株当たりの金額（無額面制度の場合は株式総数） ・本店所在地 ・董事及び監察人の人数と任期 ・定款を定めた年月日 ・従業員報酬（235-1条） ※有限会社の場合，出資者の氏名，利益損失の分配比率や基準，解散事由を定める場合のその事由等，有限会社のみで必要な事項あり	・支店の設立 ・解散の事由 ・種類株式の種類とその権利義務 ・発起人が受ける特別の利益及び受益者氏名 ・対外的に保証人になることへの制限（16条） ・経理人の設置，委任，解任及び報酬（29条） ・株主総会のテレビ会議方式の導入（172-2条） ・董事会への代理出席，書面による議決権行使の導入（205条） ・四半期または半期の利益処分あるいは損失処理（228条） ・役員への利益分配賞与（235-1条，解釈令）

Q17　董事及び董事会

董事及び董事会について教えてください。

Answer

　董事は日本の会社法における取締役に相当し，董事会の構成員として会社法または定款規定による株主総会の決議事項以外を決議し，会社の業務を執行します。

　董事の選任の概要は以下の通りです。

項目	内容（会社法条文番号）
設置	必須（108，192条）
選任	株主総会決議（192，198条）

人数	原則3人以上（192条） 但し，非公開会社は，董事1人または2人のみの設置も可能
国籍制限	無し
任期	株式会社の場合，最長3年，但し再任可能（195条）
台湾の居留	不要
兼職	監察人を除き，可能（例：董事長兼総経理）
立場	役員（委任関係）
報酬の支払	定款または株主総会決議による（196条）

Q18 董事の権限，責任，禁止行為

董事の職権，責任，禁止行為について教えてください。

Answer

董事は，会社との委任契約を通して，董事会を通じて業務を執行するため，一定の権利を有しますが，会社及び株主が不測の損害を被ることのないよう責任規定や禁止規定があります。

● 職権と責任

会社業務の執行は会社法または定款により株主総会で決議すべき事項を除き，すべて董事会で決議が必要となります（202条）。

董事会の業務執行は法令，定款と株主総会の決議に従う必要があります。法令，定款及び株主総会の決議への違反により会社に損害を与えた場合，決議に参加した董事は会社に対して賠償の責任を負うことになりますが，異議を唱えた董事は，記録または書面声明書があればその責任が免除されます（193条）。

董事会は議事録を作成する必要があり（207条），また株主総会の招集（171条）を行うことが可能です。

Q19　董事長と総経理（経理人）

董事長と総経理（経理人）について教えてください。

Answer

　董事長は，董事会にて董事の中から選任される会社を代表する会社法上の機関の一つです。

　その選任にかかる規定，及び職務については以下の通りです。

　なお，董事長印は小章と呼ばれ，会社印（大章）と共に経済部に登記する事が必要となります。台湾の実務上，契約書類等は通常，これら大小章がセットで押印がなされます。

● 選任
　・人数は1名
　・董事会の特別決議（＊）で董事の中から選任
　　（＊）3分の2以上の董事が出席し，出席董事の過半数の同意
　・定款に規定すれば同様の決議により副董事長（1名）も設置可能。また，常務董事を設置する方式もある（(株)のみ）

● 職務
　・対内：株主総会，董事会の議長となる
　・対外：会社を代表する
　・休暇等不在時には，副董事長が代理。副董事長未設置の場合は，董事長が董事の1人を代理人に指名。指名しない場合は董事間で1人代表を互選する

　他方，総経理とは，一般的には社内で定められる役職を指し，会社法上は，「経理人」とされ定款に規定することで設置される任意の機関となります。定

45

款または契約で職権を定め，その授権された範囲内で会社の事務管理や契約等の署名を行います。なお，実務上は，定款に定めることなく，総経理のみの呼称で運営されるケースも見受けられます。

　総経理（経理人）の選任，権限，責任をまとめると以下のようになります。

項目	内容
設置	任意であり，董事会普通決議にて選任する 国籍の制限や台湾の居留要件はない なお，人数制限や任期は特に規定されていない
兼職	監察人を除き，可能（例：董事長兼総経理）
報酬支払	定款または董事会決議による（29条）
職権・責任 （董事は董事会の 職権・責任を含む）	職権は，定款が規定する場合を除き，契約で定めることができる（31条） 定款または契約で規定される授権範囲内で，会社のために管理事務及び署名を行う権限を有する（31条） 株主総会または董事会の決議を変更したり，規定の権限を超えることはできない（33条） 法令，定款等に違反し会社に損害を与えた場合，会社に賠償責任を負う（34条）
競業禁止	他の会社の経理人の兼任は不可。自己または他人のために会社の営業範囲内の行為を行う場合は，董事会の同意が必要（32条）

Q20　監察人

監察人について教えてください。

Answer

　監察人は，日本の会社法で言う監査役や取締役監査等委員に該当し，董事の業務執行の監督及び会計監査の実施をするための株式会社の機関です。董事会

への列席と意見陳述が可能ですが，決議そのものの参加はできません（218-2条）。単独で監査権を行使することも可能であり，董事会または董事の違法行為等の差止（218-2条）や，株主総会招集権（原則，董事会が招集するが，例外的に董事会が招集しないまたは招集できない場合に行使可能）（220条）も有します。

監察人の選任の概要は以下の通りです。

項目	内容
設置	原則として必須となる機関（216条）
選任	株式会社の場合，株主総会決議（216条，227条） 有限会社の場合，不要
人数	（株）：原則１人以上（216条） 一人株主の会社は，定款に定めることで監察人なしとすることも可能（128-1条）
国籍制限	無し
任期	最長３年，但し再任も可能（217条）
台湾の居留	不要　（外国株主がいない場合は最低１人台湾への居住が必要）
兼職	不可
立場	役員（委任関係）
報酬の支払	定款または株主総会決議による（196条）

Q21　従業員報酬

従業員報酬とは何でしょうか。

Answer

会社法235条の１の規定に基づき，会社が利益を獲得した場合，従業員報酬を分配しなければならないことが定められています。つまり，利益に応じた従

業員に対するボーナスです。毎年度分配をする額については，会社は，当年度の利益から分配する従業員報酬について，定額または定率にて定款に明記するものとされています。

　従業員報酬の分配は，株式または現金による方法により，また，対象となる従業員には支配されている会社または従属会社の従業員も含めることができるものとされています。

　従業員報酬について，以下，ポイントを記載します。

● 　従業員報酬の分配額の計算

　分配の対象となる利益は税引前利益とされています。また，従業員報酬はその年度の費用に計上する必要があります。

　そのため，最終的な利益の確定は以下の流れとなります。

　税引前利益の確定　→　従業員報酬の決定及び費用計上　→　税引前利益の確定　→　税金計算等　→　最終的な利益の確定

　なお，従業員報酬の分配額は，決算書作成承認を行う董事会において決議を経る必要があり，その上で株主総会での報告事項となります。

● 　定款の記載例

　「会社が年度に利益を計上した場合，〇〇％（または〇〇元）を従業員報酬として分配しなければならない。但し，会社に累積欠損がある場合は，先に欠損補填額を留保してから行う必要がある」といった記載が考えられます。

● 　従業員報酬の分配比率や金額の具体的な決め方

　従業員報酬は，定款において定額または定率で定めるものとされますが，具体的には以下の４つの方法から選択が可能です（経済部　2015年10月15日　経商

字第10402427800号）

　　・固定比率とする（「○％」）

　　・一定範囲とする（「○％から○％」）

　　・下限を設定する（「○％以上」）

　　・定額を定める（「○元」）

● 　従業員報酬の分配比率や金額を変更する場合

　この場合，定款を変更する必要があります。定款変更にあたっては，株主総会の特別決議が必要となります（法人株主１社の場合は董事会特別決議）。なお，定款変更後，決議から15日以内に登記変更手続きをしなければならない点にも留意が必要です。

Q22　利益処分

　利益処分・配当実行までの手続き・配当可能利益について教えてください。

Answer

　株式会社の場合，利益は最終的に株主に帰属し，利益配当という形で株主に分配されます。利益の処分と配当の実行にあたっては，まず，会社の決算において累積欠損が解消していることが必要となります。具体的には，会計期間終了後，董事会は利益処分案を作成し承認を取ります。その上で，最終的に株主総会が承認をします（会社法228条の１）。

　配当可能利益については，過去の利益剰余金，当期利益，及び利益準備金の積立を考慮する必要があります。

・配当決議–配当可能利益

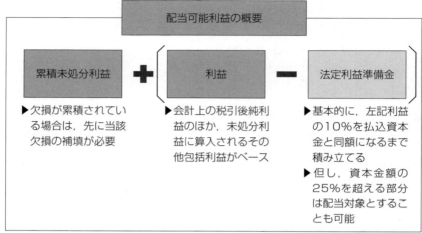

配当の実行にあたって，董事会は配当基準日，実際の支払日等を決議します。

● 半期ごとの配当や四半期ごとの配当は可能か

　会社法228条の１の規定によって，会社は，利益分配または欠損填補について，その定款に定めることで，四半期ごとまたは会計年度の半期終了ごとに行うことができるものとされます。

　会社のそれぞれの３つの四半期または会計年度上半期における利益分配または欠損填補に関する議案については，営業報告書及び財務諸表を監察人に提供し，その監査を受けた後，董事会に提出して決議を行う必要があります。各四半期または半期における分配を無配とする場合でも決議は必要となります。

　また，利益分配金額の決定にあたっては，まず納税額を予定してその分を留保し，法に基づいて欠損填補し，法定準備金（但し，法定準備金が既に払込資本金額に達している場合は，この限りでない）を計上することを見込む必要があります。年度末決算において，最終的に利益の減少が見込まれ納税や準備金に影響する可能性がある場合は，慎重な検討が必要となります。

Q23　台湾の監査制度

台湾の監査制度について教えてください。

Answer

　会社法上定められる監察人による監査のほか，別途会計士による外部監査の規定があります。

　主には，財務諸表に対する監査，法人税（営利事業所得税）申告書の監査があります。

　それぞれの根拠法令，目的，法定要件は以下の通りです。

	財務諸表監査（会社法監査）	税務監査
根拠法令	・会社法	・所得税法102条 ・営利事業委託會計師査核簽證申報所得税辦法３条
目的	一般に公正妥当と認められた会計基準に基づいて財務諸表が適正に作成されていることを監査し，意見を表明する	法人税所得税申告書が税法に従って作成されているかどうかを監査し，意見を表明する
要件	以下のいずれかに該当する場合 ・払込資本金または金融機関からの借入等が3,000万台湾ドル以上の場合は強制 ・売上収益の純額が１億台湾ドルに達している ・労働保険に加入している従業員数が100人に達している	以下のいずれかに該当する場合 ・年間の営業収入純額と非営業収入が１億台湾ドル以上の場合 ・金融企業 ・公開発行会社　など
期日	決算日後６か月以内の定時株主総会において承認	決算日後５か月目の税務申告

　税務監査の詳細については，Q38を参照ください。

Q24 役員の選任・解任

株式会社の役員の選任・解任について教えてください。

Answer

　株式会社の役員には董事，監察人があり，役員の選任・解任にあたっては適切な決議が必要となりますが，役員の選任には2つの方法があります。

　・法人株主代表役員として法人株主を選任し，当該法人より自然人である個人を役員の職務執行者として指名する方法
　・個人を役員として選任する方法

　台湾では多くの会社で法人株主代表役員の制度が用いられています。
　法人株主代表役員と個人役員について，それぞれ就任制限，改選手続きの相違は以下の通りです。

項目	法人株主代表役員	個人役員
就任の制限 （27，222条）	・法人株主一社の100％子会社 ・特に制限なし ・それ以外の会社 ・一社の株主が董事も監察人も　両方代表人を出すのは不可	・特に制限はないが，監察人に就任する場合は，他の役職との兼任は不可
責任	法人株主が負う	個人が負う
改選手続き （27，192，216，128-1条）	・任期途中での改選 ・前任の任期を引継ぐ。いつでも改選可能。株主指名書による ・任期満了時の改選 　・株主総会での選任。但し，法人株主一社の100％子会社は株主指名書による	・株主総会での選任

Column	会社登記について

　台湾では，経済部の提供する商工登記公示資料検索サービスにて，インターネットにて会社や支店等の登記情報を確認することができます。登記情報には，会社名，会社の統一番号，資本金，株式数，役員，会社住所，事業項目等，多くの情報が掲載されています。
経済部の提供する商工登記公示資料検索サービス
URL：https://findbiz.nat.gov.tw/fts/query/QueryBar/queryInit.do

　このうち，役員の情報には，役員の個人名のほか，代表法人も確認することができます。以下のような記載がなされ，法人株主代表役員か，個人役員か，役員となっている法人株主の株数も確認することができます。

・登記情報

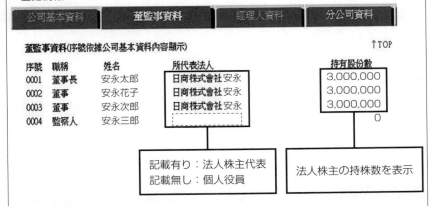

Q25　役員報酬の会社法・税務上の取扱い

　役員報酬の支給にあたって会社法の取扱い及び税務上の取扱いについて教えてください。

役員報酬は，董事，監察人に対する一切の職務の対価とされており，その支給額は，定款で定めるか，または定めていない場合には株主総会の決議で決定する必要があります。董事会に一任して決定することや，事後的に追認することは認められていません。

また，役員報酬とは区別して役員賞与があります。役員賞与は，当年度の利益に基づき賞与を支給する場合を指し，従業員報酬の規定（Q21参照）を準用し定款に固定金額また利益に対する比率を定めて支給することになります。

なお，この他にも，役員の職務に対して支給される対価（例えば役員退職慰労金）は役員報酬と同様に扱う必要があり，定款に定めるか株主総会の決議が必要となります。

● 税務上の取扱いについて

役員報酬は，従業員の給与と同様に扱われ，定款や株主総会の決議で定められた職務の対価は，定期同額であるかに関係なく，その事実に基づき損金に算入できるものとされます（営利事業所得税審査準則71条）。

Q26 種類株式

種類株式の発行はできますか。

Answer

会社は，会社法で定められる各種種類株式について，定款に定めた上で発行することができます。但し，既存株主の権益の確保や上場会社に対する制限が

あるので留意が必要となります。

会社法第157条によると，主に以下の種類株式が定められており，発行する
場合は定款に記載が必要となります。
① 利息及び配当の優先順序，定額あるいは定率にかかる種類株式
② 会社残余財産分配の優先順序，定額あるいは定率にかかる種類株式
③ 議決権の行使の優先順序，議決権の制限あるいは無議決権にかかる種類
 株式
④ 複数議決権付または特定事項に対する拒絶権付株式
⑤ 株主の董事，監察人への選任の禁止または制限付，あるいは一定人数の
 董事を選任させる権利
⑥ 普通株式に転換可能な種類株式（転換株式数，方法または転換方式を定款で
 定める）
⑦ 譲渡制限がある種類株式
上記④の複数議決権付種類株式の株主は，監察人選任においては普通株式の
株主の議決権と同一とされます。
また，④，⑤，⑦は，上場会社においては発行することができません。

Q27　増資・減資について

**増資や減資はできますか。それぞれの手続きについて教えて
ください。**

Answer

台湾においても増資，減資を行うことが可能ですが，投資時と同様，会社の
場合であれば，会社法に従った機関決議，資本の変更を伴う場合の投資審議司
の承認，及び登記等の各種手続きが必要となります。

増資と減資の主な手続きは以下の通りです。

● 増資手続き概要（株主からの追加出資の場合）
① 株主総会による定款変更決議（発行可能資本に達している場合）
② 董事会による増資決議
③ 投資審議司へ外国人投資許可（FIA）の申請
④ 銀行への送金対応（投資許可（FIA）後）
⑤ 外国人投資額審査の申請
⑥ 公認会計士による資本額の審査
⑦ 登記主管機関への変更登記申請
⑧ 国税局への資本額の変更申請

● 減資手続き概要（有償減資，つまり株主への資本の払い戻しを伴う場合）
① 董事会による減資決議
② 決議後，債権者への通知及び30日以上の新聞公告の実施
③ 投資審議司へ外国人投資許可（FIA）の申請
④ 登記主管機関への変更登記申請
⑤ 国税局への資本額の変更申請

Q28 債務超過における留意点

債務超過になりそうです。債務超過となった場合の留意点は
ありますでしょうか。

Answer

債務超過となる場合，主に以下の点に留意する必要があります。

・事業運営上の取引の制約。例えば，入札や借入等の要件を充足せず実行が

できない等。

・財務諸表における継続企業の前提にかかる注記の可能性。

・主管機関や税務当局からの解散命令の可能性（但し，実務上は少ないものと思われます）。

　なお，会社法211条の規定によって，会社の欠損が払込資本金額の2分の1に達する場合，董事会は直近1回の株主総会に報告しなければならないものとされていますので，留意が必要です。

第4章

台湾の会計制度について

● Point ●

　台湾の会計制度は，国際財務報告基準（IFRS）がベースとなっています。但し，公開発行会社と非公開発行会社で適用されるルールが異なっています。連結財務諸表作成にあたり，日本本社への報告においてはその差を押さえておく必要があります。

Q29　台湾の会計制度

台湾の会計制度について教えてください。

Answer

台湾における会計制度には，まず，商業会計法において，主に事業を行うにあたっての会計情報の内容及び提出の手続きや会計情報担当者，会計情報生成者の義務及び権利，会計情報の表示方法といった基本内容が定められています。

また，会計処理を行うにあたっての会計原則としては，大きく2つがあります。

・公開発行会社が適用する台湾版国際財務報告基準（T-IFRS）
・非公開発行会社が適用する台湾企業会計準則公報（EAS：Enterprise Accounting Standard）

台湾で事業を行う日系企業の多くは後者のEASを適用していますが，非公開発行会社でもT-IFRSを選択適用することが可能となっています。

なお，EASは，その制定にあたって金融監督管理委員会が認可したT-IFRS及びIABSが制定したIFRS for SMEsベースで作成されており，これに台湾の非公開発行会社及び中小企業の実務が踏まえられています。従って，IFRSの規定とわずかに異なる部分があるほか，特に開示規定が簡略化されているといった特色があります。

Q30　EAS（Enterprise Accounting Standard）について

台湾における日系企業が多く適用している会計基準（EAS）について教えてください。

EASは，2016年より適用されていますが，2013年時点のIFRS for SMEsをベースとして作成された基準です。適用以降，随時改正がなされていますが，例えばIFRSにおけるIFRS9号（金融商品），15号（顧客との契約が生じる収益），16号（新リース会計基準）等の大きな改正項目は導入されていない状況で，その導入にあたっては検討がなされています。なお，IFRS9については，2023年1月1日より開始する会計期間より，EAS（EAS15金融商品）に簡素化された上で導入されています。

＜基準の体系＞

No.	項目	No.	項目
EAS 1	財務諸表の概念フレームワーク	EAS 13	後発事象
EAS 2	財務諸表の表示	EAS 14	関連当事者についての開示
EAS 3	キャッシュ・フロー計算書	EAS 15	金融商品
EAS 4	会計方針，会計上の見積もり及び誤謬	EAS 16	投資性不動産
EAS 5	棚卸資産	EAS 17	生物資産
EAS 6	関連会社及び共同支配企業に対する投資	EAS 18	無形資産
EAS 7	企業結合及び支配力を有する投資	EAS 19	資産減損
EAS 8	有形固定資産	EAS 20	リース
EAS 9	引当金，偶発負債及び偶発資産	EAS 21	政府補助及び政府援助
EAS 10	収益	EAS 22	外貨換算
EAS 11	借入コスト	EAS 23	株式報酬費用
EAS 12	法人所得税		

この他，例えば，退職給付の会計処理などEASに限定されていない項目につ

いては，台湾の会計基準を定める会計研究発展基金会より個別にQ＆Aが出ており，また，EAS第4号によると，該当する会計基準が存在しない場合には，以下の順序で関連規定の検討を行い会計方針を検討する必要がある旨が規定されています。

① EASにおける類似または関連する論点処理の規定

② EAS第1号「財務諸表の概念フレームワーク」における資産，負債，収益及び費用の定義に基づく各認識または測定の要件

③ 金融監督管理委員会が認めた国際財務報告基準，国際会計基準，その解釈及び通達（T-IFRS）

④ その他財務会計基準の権威機関や研究機関の発表，その他会計文献のほか，公で認められている特定業種の実務

Q31 EASとIFRSの差異について

台湾の会計基準で作成された決算をそのまま日本で作成される連結決算に取り込むことはできるのでしょうか。EASとIFRSとの差異について教えてください。

Answer

日本の連結財務諸表作成上，親会社と子会社は会計基準を統一することが原則とされていますが，在外子会社については，一部を除き，IFRSまたは米国基準に基づく場合，その決算を利用できるものとされています。

そのため，ここでは，台湾の多くの日系企業が適用しているEASとIFRSの主な差異を記載し，日本の親会社の連結決算に取り込む前提を整理します。

＜EASとIFRSの主な差異＞

	企業会計準則公報 （EAS）	国際財務報告基準 （IFRS）
未処分利益に対する追加課税の費用認識時点	株主総会の利益配当決議による確定額を，決議が実施された年度において法人税費用として認識する（IFRSに比して認識時点は遅い）	株主総会の利益配当の決議前に，その費用見積もり額を，課税対象の所得が発生した年度において法人税費用として計上する
新基準の導入 IFRS9：金融商品 IFRS15：収益 IFRS16：リース	未適用（各基準導入前のIASの規定がベース） IFRS9については，2023年1月1日より開始する報告年度より，緩和・アレンジされEASに導入されている	IFRS9,15：2018年度より適用 IFRS16：2019年度より適用
のれん及び耐用年数を確定できない無形資産の償却または減損	EAS 18の規定によって以下のいずれかの方法により処理をする ・合理的かつ規則的な方法により各期に償却する（15年を超過してはならない） ・償却をせず，定期的に減損テストにより評価する	償却をせず，定期的に減損テストにより評価する
子会社，関連会社に対する投資の会計処理 IAS27：連結及び個別財務諸表	（個別）持分法を適用 （連結）連結財務諸表の作成に関する規定はない	（個別）IAS27に従い，取得原価，IFRS9による会計処理，持分法のいずれかの選択適用 （連結）関連会社に対して持分法を適用（子会社は原則として連結対象）
退職金（確定給付型）	EAS以前の会計基準から継続適用していることを条件として，数理計算に基づく負債または費用を評価しない処理を選択できる。 それ以外の場合は，数理計算により負債または費用を評価する	数理計算により負債または費用を評価する

Q32 会計年度

台湾の会計年度と会計年度の変更について教えてください。

Answer

台湾では，会社は，原則として，1月1日〜12月31日までが会計年度とされておりますが，国税局へ届け出を行うことで任意で会計年度を定めることができます。

新たに会社を設立する場合で，12月末決算制以外の会計年度とする場合は，税務上は国税局に届け出を行う必要がありますので留意が必要です。

また，同じく国税局に届け出を行うことで会計年度を変更することも可能です。会計年度を変更した年度は，決算日から1か月以内に法人所得税の申告を行う必要があります。

なお，12か月を超える会計年度を設定することはできません。

例：従来12月末決算制。2023年以降，3月末決算制に変更。

会計期間	法人所得税の申告	備考
2022年1月1日〜2022年12月31日	2023年5月	
2023年1月1日〜2023年3月31日（会計年度変更期）	2023年4月30日までに申告	2023/1/1〜2023/3/31の期間において国税局へ会計年度の変更申請をすることが必要
2023年4月1日〜2024年3月31日	2024年8月	

Q33 帳簿，証憑の保存について

台湾における帳簿や証憑書類の保存，法定保存期間，電子帳簿について教えてください。

Answer

　商業会計法，会社法，各種法令の規定に基づき，書類ごとの法定保存期間が定められているものがあります。

　主な書類とその保存期間は以下の通りです。

・財務諸表及び帳簿書類：10年

・定款，株主総会議事録，及び株主名簿：永久保存

・その他の会計証憑類：5年

　但し，いずれも未解決事項がある場合はこの年数の限りではなく，保存しておくことが必要です。

　法定帳簿の電子保存も可能ですが，税務調査等で帳簿の紙での提出が求められる場合，印刷して提供することが必要となります。

　なお，会社が解散・清算した後も，上記の法定保存期間や未解決事項がある場合については，台湾にて簿冊保管人（上記書類の保管責任者を言います）を指定して管理をしておくことが必要となります。

第5章

台湾の税制度について

● Point ●

　この章では，台湾における事業展開において把握すべき税制度について紹介します。法人所得税の他にも，営業税，不動産取引に関連する税金，印紙税，様々な税金が台湾にもあります。また，法人所得税といっても，毎年度申告する所得，源泉徴収による納税が必要な所得，また，その軽減方法など，様々です。まずは，広く概要を押さえておくことが重要です。

Q34　税金の種類

台湾の税金の種類について教えてください。

Answer

　現行の台湾の租税制度は，財政収支区分法の規定により，国税と地方税の2種類に大別されます。国税は中央政府の税目であり9種類，地方税は地方政府の税目で，直轄市及び県税・市税があり，合計8種類がそれぞれ存在します。

1　国税

(1)　関税

(2)　所得税（個人総合所得税，営利事業所得税）

(3)　相続税及び贈与税

(4)　物品税

(5)　証券取引税

(6)　先物取引税

(7)　営業税

(8)　たばこ・酒税

(9)　特殊物品及び労務税

2　地方税

(1)　地価税

(2)　田税（2022年現在，徴収停止中）

(3)　土地増値税

(4)　家屋税

(5)　不動産取得税

(6)　ナンバープレート使用税

(7)　娯楽税

(8)　印紙税

Column　台湾の税収の状況

　2022年における全国の租税収入の実収純額は3兆2,479億台湾ドルとなっており，所得税，営業税が50％以上を占めています。主な税目別の税収は以下の通りです。

単位：億台湾ドル

税目	金額	比率（％）
所得税	16,824	51.8％
―うち営利事業所得税	10,273	31.6％
―うち個人総合所得税	6,551	20.2％
営業税	5,444	16.8％
地価税	943	2.9％
土地増値税	930	2.9％
貨物税	1,535	4.7％
証券取引税	1,756	5.4％
関税	1,425	4.4％
その他	3,622	11.1％
総計	32,479	100.00％

出典：財政部111年税収徴起情形分析

　項目ごとに見ますと，所得税が全体の半分近くを締めており，さらに主に法人に課される営利事業所得税は，個人所得税の割合よりも多いことがわかります。個人総合所得税は累進課税となっており，最高税率は所得純額4,720,001台湾ドル以上に課される40％となっています（Q77参照）。台湾には，富裕層が多いことでも知られていますが，税収にもそれが表れていることが言えます。

　なお，その他の中で比較的大きな比率は，相続税（全体比1.2％），贈与税（全体比0.6％），ナンバープレート使用税（全体比2.1％）などがあります。

Q35 法 人 税

台湾の法人税について教えてください。

Answer

　台湾では，法人税は「営利事業所得税」と呼ばれ，口頭では「営所税」と略称で呼ばれることもあります。

　台湾内の営利事業者は，源泉のいかんにかかわらずその全所得が法人税の課税対象となります。但し，台湾外から得た所得で，所得源泉国の税法の定めにより納付した所得税については，条件を満たすことで外国税額控除を適用することができます（Q51）。

　すべての営利事業者は，台湾会社法に基づいて設立された外国企業の子会社を含めて，国内営利事業者とみなされます。

　営利事業者は，暦年（1月1日〜12月31日）が課税年度となります。暦年以外の期間を課税年度とする場合は許可を受けなければなりません（Q32）。年度の税務申告書は，課税年度終了後の翌5か月目に提出しなければならず，税務申告書の提出期限の延長は認められません。

　なお，毎期の利益に対して課税される法人税のほかに，台湾には，各期の利益について配当せずに留保した部分に5％の課税がなされる「未処分利益に対する追加課税」という制度があります（Q45）。この他，一定の非課税所得や免税所得がある場合に検討が必要となる代替ミニマムタックス制度もあります。

　外国の営利事業者（主たる事業所が台湾外である事業者）については，台湾を源泉とする所得のみが課税対象となります。課税対象となる台湾源泉所得及び納税はQ46を参照ください。

Q36　法人税の計算と申告

法人税の計算と申告について教えてください。

Answer

　法人税申告の計算は，原則として，会計上の決算をベースとして，税務上のルールに則した収益・費用（益金・損金）項目の加減算を行い税務上の利益，つまり課税所得を計算し，これに税率を乗じて税額を計算します。税率は原則として20％です。課税所得が20万元に満たない場合には，軽減税率または免税の規定があります。

年度	課税所得額段階区分	税率	計算式
2020	P≦12万台湾ドル	免除	
	P＞12万台湾ドル	20％	P≦200,000 T＝(P－120,000)＊1/2 P＞200,000 T＝P×20％

　P＝課税所得額。
　T＝税額。

　税務上の収益・費用（益金・損金）項目の加減算項目は，日本と同様，多岐に渡ります。例えば，交際費の損金算入限度額，貸倒引当金繰入限度額，棚卸資産や固定資産の廃棄損や除却損の計上要件，固定資産の減価償却と耐用年数，為替差損益など，様々な規定があります（Q40以降を参照）。

　法人税の申告は，課税対象となる決算年度終了後5か月目に提出しなければならず，税務申告書の提出期限の延長は認められません。つまり，12月末決算の場合には5月に，3月末決算の場合には8月に申告を行うことになります。

Q37 中間納付制度

　　台湾にも法人税の中間納付の制度があるのでしょうか。概要について教えてください。

Answer

　台湾においても法人税の中間納付制度があります。

　営利事業者は，所定期間（12月末の決算の場合は９月１日から９月30日まで，３月末の決算の場合は12月１日から12月31日まで）において，中間申告納付を行わなければならないとされています。中間申告納付額は，以下のいずれかによって計算されます。

①　前年度に申告した営利事業所得税の２分の１を納付税額として，自身で国庫に納付の上，中間納付税額申告書を作成し，中間納付税額領収書を添付の上で，所轄租税徴収機関に申告する。

　但し，投資控除税額，行政救済にかかる繰越税額及び源泉徴収税額により前項の中間納付税額から差引相殺する場合，上述の自身の国庫への中間納付税額の納付で足り，申告を免除できる。

②　営利事業者が法人であり，かつ青色申告の認可を受けているか，または会計士による監査証明を得て期限内に申告している場合，営利事業所得税の関連規定に基づき，上半期の営利事業所得額を計算し，当該年度の税率に応じて中間納付税額を計算することができる（所得税法67条）。

　なお，下記のいずれかに該当する場合には中間申告及び中間納税が免除されます。

①　国内に固定営業場所がないものの営業代理人を有する営利事業者で，その営利事業所得税の課税について，営業代理人が都度源泉徴収を行うことを選択し，租税徴収機関に届け出てその承認を受けている場合。

② 単独出資または共同経営事業の営利事業者及び審査による承認を受けた
小規模営利事業者。

③ 所得税法またはその他の法律に定める営利事業所得税の免税を受ける者。
例えば，教育，文化，公益，慈善機構または団体及びその付属業務を行う
組織，生活協同組合及び公益事業等の営利事業者で下半期に営業を開始し
た者，または上半期に営利事業所得税を申告し，課税額が生じていない者。

④ 規定に従って計算した中間納付税額が2,000台湾ドル以下である者。

Q38　法人税申告書に対する監査

法人税の申告書に対する監査について教えてください。

Answer

　一定の営利事業者は，その法人税の確定申告において，会計士またはその他
の合法的な代理人に監査証明申告を依頼するものとされており，これは「税務
監査」と呼ばれています。会計士は，法人税の監査証明申告業務を行う場合，
関連する会計事項及び納税事務について，所得税法，産業創新条例産業向上促
進条例，中小企業発展条例，企業合併買収法，営利事業所得税審査準則，移転
価格審査準則及び関連法令の規定によりこれを行うものとされ，特に定めがな
い場合，一般に公正妥当と認められる会計原則によるものとされます。

　税務監査には，当該期の所得税のほか，未処分利益の追加課税の申告の監査
も含まれます。

● 税務監査を受ける義務のある会社

　以下のいずれかに該当する会社は，会計士による税務監査を受ける必要があ
ります。

　・年間収益総額（売上収益及び営業外収益の合計）が１億台湾ドル以上

・株式公開発行会社

・その他，銀行，信用組合，保険会社，投資信託会社，リース会社，証券及び先物取扱会社，連結納税申告会社（金融持株会社法などに基づく）など，特別に規定される場合。

● 税務監査を受けている場合の優遇措置

税務監査を受けた上で期限内に申告を行っている場合，以下の優遇措置があります。したがって，上記の要件に該当しない会社であっても，多くの会社が自主的に税務監査を受けています。

・交際費の損金算入限度額の拡大

・欠損金の発生から10年間，当年度の純益額から当該過年度の欠損金を控除可能（欠損金の繰越控除）

・税務調査対応の効率化（税務監査を受託した会計士が国税局の質問対応などの窓口となる）

Q39　繰越欠損金

法人税の計算において，繰越欠損金を利用して所得から控除することはできるのでしょうか。

Answer

台湾においても過去の欠損を当年度の利益から控除することができます。

具体的には，「所得税法」第39条の規定によって，会計帳簿が適切に完備されており，欠損控除の申告年度において，会計士の監査証明を受けているか（税務監査），または所得税法77条における青色申告を使用している場合で，これを期限内に申告している場合，過去10年間の各期の欠損について，当年度の課税所得の金額から控除することができるものとされています。

Q40　固定資産の資産計上と修繕費

　税務上の固定資産の資本化や減価償却費・修繕費のルールについて教えてください。

Answer

● 資本化または費用化にあたって

　将来に渡って利用する価値のある資産については，その耐用年数が2年以上または8万台湾ドル以上の支出について資本化（つまり資産計上）し減価償却を行うものとされています。

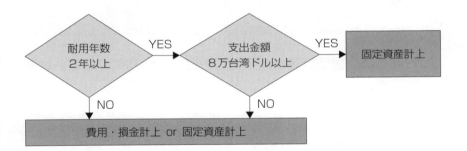

● 減価償却費について

　納税者は，取引または業務において使用する大半の資産（土地を除く）について減価償却費を損金算入して申告することができます。減価償却費は，定額法，定率法，操業時間法，級数法または生産高比例法を使用して算定することが可能です。操業時間法では，課税年度中に減価償却資産が使用された操業時間数に基づき減価償却費が算定されます。減価償却期間は税務当局によって固定資産耐用年数表が定められており，適用される主な期間は以下の通りです。なお，減価償却期間は固定資産耐用年数表に定められた年数を下回ることができません。

資産	年数
商業用建物	10〜50
工業用建物	5〜35
事務用備品	3〜5
自動車及び船舶	3〜18
工場機械設備	2〜20

企業は，特定の基準が充足される場合には，加速償却法を使用することができます。代替不能な資源の形態をとる資産の減価償却費は，製造単位法または財政部が公布した減価償却資産表に定められた方法のいずれかに基づいて算定できます。この方法は年度間で一貫して適用しなければなりません。

Q41 資産の廃棄及び除却

台湾では，棚卸資産や固定資産の廃棄・除却について，税務上留意すべきと聞きました。どうしてでしょうか。

Answer

棚卸資産，固定資産の廃棄や除却については，税務上の費用計上の要件が日本よりも厳しいので留意が必要です。

1 棚卸資産

保存期間超過，変質，破損または陳腐化により販売，加工・製造ができず廃棄する商品，原材料，副材料，仕掛品等については，原則として以下の方法によって初めて税務上の費用に計上できるものとされています。

・会計士の監査証明を提出する

・陳腐化や廃棄すべき事象が実際に発生した後，30日以内に明細表を添付して管轄税務当局に監督人員の派遣を届出て，廃棄作業の監督を受ける

・事業主管機関の廃棄への立会の下で廃棄を実施し証明書類を取得した場合

また，生鮮品（農産品・水産物等），原材料，副材料，仕掛品で特性によりまたは衛生関連法令により，保存期間超過または変質により，長期保存できないものについては，会計士の監査証明を提出することで税務上の費用に計上できるものとされています。

2　固定資産

固定資産については，法定耐用年数到来前後でその除却・廃棄に伴う費用について要件が定められています。

● 耐用年数到来時に除却または廃棄する場合

耐用年数表規定の耐用年数に達した場合，除却または廃棄の処理をするのみで特別な申請は不要です。但し，税務当局等から要求があった場合には，廃棄の事実を示す証憑（廃棄前後及び運搬過程の日付入り写真，廃棄費用の支出証憑を提供する必要があります。

● 耐用年数到来前に除却または廃棄する場合

耐用年数表規定の耐用年数に達する前に除却または廃棄する場合，未償却残高を損金とするためには，以下のいずれかの手続きが必要となります。

・会計士の監査証明の提出

・管轄の税務機関に事前に廃棄資産の明細を提出し，場合により税務機関の立会を受ける。

なお，スクラップの売却収入がある場合は当該売価を収益としなければなりません。

Q42　貸倒損失及び貸倒引当金

税務上の貸倒損失，貸倒引当金について教えてください。

台湾において，税務上，貸倒損失や貸倒引当金の費用計上にあたっては制限または要件があります。

1　貸 倒 損 失

　税務上，貸倒の状況は限定されており，状況により用意すべき書類が異なり，当該書類の日付（内容証明郵便の場合は返送日）をもって，税務上の損金算入時点となります。貸倒の発生した状況ごとの費用計上に必要となる書類は以下の通りです。

貸倒の状況	税務上の費用計上にあたり必要となる書類
(1)　倒産，行方不明	・国内債務者：倒産または行方不明以前の住所が明記される内容証明郵便かつ行方不明のため返送された当該内容証明郵便 ・海外債務者：債務者所在地の主管機関が発行した債務者の倒産または行方不明以前の住所に関する証明書，及び現地の台湾大使館，経済文化代表処または貿易機構の証明 ・中国大陸債務者：債務者所在地の主管機関が発行した債務者の倒産または行方不明以前の住所に関する証明書，及び行政院大陸委員会の委託を受けた台湾地区と大陸地区の人民往来事務の機構または団体の証明
(2)　和解	・裁判所での和解：和解記録または裁定書正本 ・商業組合，工業組合での和解：和解記録
(3)　破産	裁判所の裁定書正本
(4)　裁判所への強制執行申請	裁判所の発行した債権に係る証憑
(5)　入金予定日の翌日から2年を超過した債権	営利事業者の住所が明記される内容証明郵便かつ債務者の当該内容証明郵便の受領書（書留封筒を保管）
(6)　外国法令による清算	外国法令規定により清算完了を証明する関係書類及び現地の台湾大使館，経済文化代表処または貿易機構の証明

2　貸倒引当金

　原則として，貸倒引当金の計上対象となる債権は売掛金と受取手形のみです。割引手形は含まれませんが，当該割引手形が不渡りとなり，受取人が法令に基づき償還請求権を行使したため当該営利事業者が支払を行った場合，実際の状況により貸倒引当金を計上するか，または貸倒損失として計上することができるものとされています。

　なお，金融業者についてはその債権残高全体が貸倒引当金の計上対象となります。

　貸倒引当金の引当率は，原則として，債権残高の１％です。一般引当のみで，個別引当はありません。

　なお，税務上の貸倒実績率が１％を超える場合は，過去３年間の税務上の貸倒実績率によることもできるとされています。

Q43　交　際　費

税務上の交際費の損金計上限度額について教えてください。

Answer

　事業に関連する食事費用及び接待費用（旅費の支払及び物品の贈呈などを含む）等の交際費については，適切な証憑を入手していれば，事業規模に応じた限度額まで税務上の損金として計上することが可能です。交際費の計上限度額は，青色申告または会計士による税務監査をしている場合にはその計上限度額が拡大されます。

　準備しておくべき証憑書類は主に以下の通りです。

　・外部での会食等：統一発票（統一発票免除事業者の場合は一般の領収書）

　・自社の食堂等に招待：取扱者の料理名及び価格を明記したリスト

　・購入物品の寄贈：統一発票または一般の領収書

・自社製品・商品の寄贈：帳簿に寄贈品の名称，数量及び原価金額を明記

● 交際費計上限度額の算定方法

　各該当項目の金額に応じた比率によって算定された金額の合計額が，交際費の計上限度額となります。

限度額算出のための各項目	会計士の 税務監査済み 青色申告済み	一般申告
(1)　仕入金額		
30,000,000台湾ドル以下	2/1000	1.5/1000
30,000,001〜150,000,000台湾ドル	1.5/1000	1/1000
150,000,001〜600,000,000台湾ドル	1/1000	0.5/1000
600,000,001台湾ドル以上	0.5/1000	0.25/1000
(2)　売上金額		
30,000,000台湾ドル以下	6/1000	4.5/1000
30,000,001〜150,000,000台湾ドル	4/1000	3/1000
150,000,001〜600,000,000台湾ドル	3/1000	2/1000
600,000,001台湾ドル以上	1.5/1000	1/1000
(3)　運送収入		
30,000,000台湾ドル以下	7/1000	6/1000
30,000,001〜150,0000,000台湾ドル	6/1000	5/1000
150,000,001台湾ドル以上	5/1000	4/1000
(4)　役務収入（役務提供または信用供与によるもの， 　　宿泊業，リース業を含む）		
9,000,000台湾ドル以下	12/1000	10/1000
9,000,001〜45,0000,000台湾ドル	8/1000	6/1000
45,000,001台湾ドル以上	6/1000	4/1000
(5)　輸出業務により外国為替収入を取得しているものは，上記限度額の枠の他に当該 　　年度の輸出外国為替収入総額の２％を特別交際費として損金算入できる		

Q44 損金算入要件

　その他法人税務上の損金算入の要件について，特に留意すべき点について教えてください。

Answer

　台湾における法人税の申告にあたって，各費目の損金算入の要件は営利事業所得税審査準則や関連規定によって細かく定められています。計上のタイミング，取得すべき証憑について留意が必要です。

　一般的に税務上の加減算調整項目や税務当局の指摘の多い項目については以下の通りです。

1　支払手数料（営利事業所得税審査準則92条）

　台湾の税務上，支払手数料は，取引の仲介等に関して支払う手数料と定義されています。そのため，支払手数料は，提示された契約，またはその他仲介の事実に関連する証明資料に基づいて，その実際発生額が認定され，税務当局の要求がある場合には仲介の事実証明が必用となります。

　この他，以下の点についても留意が必要です。

・支払手数料の支払について源泉徴収すべきものを源泉徴収しなかった場合，源泉徴収義務違反の罰則があります。

・輸出手数料が輸出貨物代金の5％を超える場合，規定の関連証憑を取得した上で，合理的な理由と証明書を提出して税務当局に事実と合致すると認められたものが損金算入できます。

2　広告宣伝費（営利事業所得税審査準則78条）

　広告宣伝費は，事業に関連して，業務を推進するために必要な費用です。

　営利事業審査準則上，以下の項目と必要な書類が定められています。

項目	用意すべき書類・注意事項
新聞雑誌の広告	①領収書，②広告の見本（困難な場合，新聞社または雑誌名称，日付または発行番号・ページ番号を別紙にてリストアップ）
公告，チラシ，ポスターまたは会社名称を付した広告品	統一発票（統一発票免除事業者の場合は一般の領収書）
展示会，チャリティー，特売会に参加するための各種費用	統一発票またはその他の法定証憑
ラジオ，テレビ，映画館のスライド広告	統一発票またはその他の法定証憑
車両による巡回宣伝広告の各種費用	統一発票またはその他の法定証憑
ゲート看板，電動広告，場所を賃借して設置する広告	・契約書及び統一発票（法人），個人の場合は源泉徴収 ・契約期間で償却する
無料サンプル，販売時の景品または商品贈呈	・無料サンプル ・国内：受贈者からの受領証（サンプルの品名と数量を記載） 　海外：運送を証明できる文書及び運送物のリスト ・販売時の景品 ・販売時の統一発票に贈呈済の押印を行い，また贈呈品支出日報を作成 ・贈答品で販売不可である旨を印字 ・自社製品：帳簿に贈呈品の名称・数量・原価の記入も必要

　なお，広告宣伝費と関連して，税務当局から指摘が多いのは交際費の認定です。交際費はQ43の通り，税務上の損金計上限度額があります。「財政部1060817ニュースリリース」によると，交際費は営利事業者が営利事業の周辺利益獲得環境を作り上げ，または改善し，企業と良好な関係を築くため「特定」の相手のために支払う費用とされます。他方，広告宣伝費は，営利事業者が自身及び商品のイメージを築くため，「不特定」の相手のために支払う費用とされています。

3 旅費 (営利事業所得税審査準則74条)

　旅費については，出張の日付ごとに，場所，訪問対象，及び内容について出張報告書に記載をし，証憑と共に事業と関連することを以て初めて税務上の費用として認められます。主な支出の内容ごとに必要となる証憑書類は以下の通りです。

区分	細目	原始証憑
宿泊費	国内	旅館業者の宛名を明記した統一発票または普通領収書，もしくは旅行業者の発行した支払代行領収書及び明細
交通費	飛行機（国内）	①搭乗券半券（または電子搭乗券），②航空券 紛失時：航空会社が発行する搭乗証明書
	飛行機（海外）	①搭乗券半券（または電子搭乗券），②航空券（または旅行業者の代納証明），③航空会社が発行する搭乗証明書，または到着場所及び運賃が記載された証明等のその他証明書類
	客船	乗船券または客船会社が発行した証明書
	電車，自動車，新交通システム	出張者の証明 高速鉄道は使用済み乗車券または乗車券購入証明書のほか，当日の往復であれば出張者の証明も可能
交通費	タクシー	出張者の証明 貸切タクシーは①出張者（または取扱者）の証明，②タクシー会社の証明書
	レンタカー	レンタカー会社の統一発票あるいは領収書
	ETC料金（高速道路）	従業員が出張に自動車で高速道路を利用した場合：使用者（出張者）が作成する証明
食費・日当	国内	以下の上限を超えなければ，証憑は不要 ・董事長，総経理，マネージャー，工場長：1人1日700台湾ドル ・その他従業員：1人1日600台湾ドル

宿泊費・食費・日当	海外	（方法１） 政府各機関の定める海外各地への出張者に支給する日当金額の上限を超えなければ証憑は不要 例（2023年１月１日以降）：東京341米ドル，大阪250米ドル，熊本（日本その他）228米ドル，ニューヨーク433米ドル，シンガポール　394米ドル，ロンドン404米ドル，上海268米ドル，香港245米ドル （方法２） 宿泊費：実費精算規定を定めている場合，宿泊費の証憑 食費・日当：方法１の日当金額の50％を超えなければ不要

4　為替差損益（営利事業所得税審査準則29条，98条）

　台湾の法人税務上，為替差損益はその申告年度内に実現した損益のみが益金または損金に算入されるものとされています。したがって，期末における外貨建ての債権・債務にかかる会計上の期末換算による評価損益は，未実現項目として税務申告書上は加減算される項目となります。

Q45　未処分利益に対する課税

　台湾には，法人税以外に，企業の所得に課される税金はありますか。台湾には，未処分利益に対する課税があると聞きましたが概要を教えてください。

Answer

　台湾においては，企業の所得に対して課される税金は，原則として国税である法人所得税のみであり（一部，金融業を除く），日本における事業税や住民税の種類の所得課税はありません。

　但し，法人所得税については，毎期の利益に対して課税される法人税のほか

に，台湾には，各期の利益について配当せずに留保した部分に５％の課税がなされる「未処分利益に対する追加課税」があります。これは，株主総会（100％出資の１人株主の会社の場合は董事会）における利益処分決議において，その対象となる各年度の税引後純利益について，配当等をせずに翌年度に繰り越した場合，当該年度の未処分利益に対して追加で税金が課されるというものです。当該追加課税額は，利益発生年度の翌年度の株主総会にて確定されますが，そのさらに翌年度に実施される法人所得税の申告と合わせて納税申告を行います。

ここにいう未処分利益とは，営利事業者が該当年度において商業会計法，証券取引法またはその他の法律に基づき作成された財務報告書（会計士による監査証明を受けている場合はその財務報告書）によって計算された当該期の税引後純利益に，当該期の税引後純利益以外の未処分利益に計上される項目を追加し，当該年度の未処分利益として計上した金額が対象利益のベースとなります。

これより，過年度の欠損補填額または会計士の監査証明を受けている翌年度の欠損金，法律に基づき当該年度の利益以て積み立てられる法定利益準備金，当該年度に利益分配の対象となった配当または利益等は控除します。

もし，各金額について，法定財務諸表監査後に，主管機関の審査によって調整の通知を受けた場合，調整及び更正後の金額が基準とされます。

なお，産業創新条例の改正によって，当該未処分利益を以って実質投資を行った場合に，課税額に対する優遇措置が定められています（Q10参照）。

Q46　台湾源泉所得と源泉徴収制度

台湾源泉所得と源泉徴収制度について教えてください。

Answer

営利事業者について，台湾内の固定営業場所または営業代理人を置いている場合，単独で帳簿を設けその営利事業所得額を計算して課税を受けなければな

らないものとされます。

「固定営業場所」とは，事業を経営する固定の場所をいい，これには支店，管理所，代表者事務所，工場，作業場，倉庫，採石場及び建築工事現場が含まれます。但し，購入した物品用の倉庫または保管場所で，物品の加工製造用に使用しない場合には，この限りではありません（所得税法第10条第1項）。

「営業代理人」とは，(1)購入代理事務を除き，経常的に代理する事業を代表して業務上の折衝と契約締結を行う権限を有する者，(2)経常的にその代理する事業に属する物品を保管し，代理する事業を代表して当該物品を他者に引き渡す者，(3)経常的にその代理する事業のために物品の受注を行う者のいずれかを言います（所得税法第10条第2項）。

また，配当金，コミッション，賃貸料，利子，ロイヤリティ，給与，退職金，賞金等の特定の台湾源泉所得については，それぞれの対価を支払う側に源泉徴収義務があります。

国外営利事業者は，台湾源泉所得についてのみ，営利事業所得税の課税を受けることになります。台湾内に固定営業場所や営業代理人がいない場合には，原則として対価を支払う側に源泉徴収義務を負い，源泉徴収によって税金を納めることになります（所得税法第88条）。

台湾源泉所得は以下の各種所得を指します（所得税法第8条）。

①　台湾会社法の規定に基づき設立された会社，または台湾の政府から台湾内における営業の認可を受けた外国会社が分配する配当。

②　台湾内の協同組合または共同経営組織の営利事業者が分配する利益。

③　台湾内における役務や労務の提供により得た報酬。但し，台湾内に居住していない個人で，1課税年度において台湾内に滞在した日数が合計で90日を超えない場合に台湾外の雇用主から受け取った労務にかかる報酬についてはこの限りでない。

④　台湾の各政府機関，台湾内の法人及び台湾内に居住する個人から受け取った利息。

⑤　台湾内にある財産の賃貸により受け取った賃貸料。

⑥　特許権，商標権，著作権，ノウハウ及び各種の特別に許可された権利を，台湾内で他者に利用させることにより受け取ったロイヤリティ（ロイヤリティ）。

⑦　台湾内における財産取引による利得。

⑧　台湾政府が国外に派遣する職員及び一般職員が国外で提供する労務に対する報酬。

⑨　台湾内において工業，商業，農業，林業，漁業，牧畜業，鉱業，精錬業等の事業を営むことにより生じた利益。

⑩　台湾内において参加した各種競技，コンテスト，宝くじ等の賞金または給付。

⑪　台湾内で受け取ったその他の収益。

源泉徴収義務者に対する源泉徴収及び税金の納付時期は以下の通りです。

源泉徴収手続	台湾内に居住している個人または台湾内に固定営業場所がある営利事業者への支払	台湾内に居住していない個人または台湾内に固定営業場所がない営利事業者への支払
源泉徴収	給付時	給付時
税金納付	源泉徴収月の翌月10日まで	源泉徴収日から10日以内
源泉徴収票発行及び申告	課税年度の翌年1月末まで	源泉徴収日から10日以内
源泉徴収票の納税義務者への交付	課税年度の翌年2月10日まで	税務機関に申告し決定後

源泉徴収税率は以下の通りです。

所得種類	台湾内に居住している個人または台湾内に固定営業場所がある営利事業者への支払	台湾内に居住していない個人または台湾内に固定営業場所がない営利事業者への支払
配当，利益	源泉徴収免除	21％

給与	(1)　5％ (2)　または給与の源泉徴収率表による	18%（例外あり）
利息	基本税率：10%（注）	基本税率：20% 短期証券利息や受益証券等の利息：15%（分離課税）
手数料・仲介料	10%（注）	20%：輸出に関する手数料は源泉徴収免除
賃借料	10%（注）	20%
ロイヤリティ	10%（注）	20%
業務執行者の報酬	10%	20%
退職所得（給付額から一定の免税額を減算した後の純額）	6％	18%
その他台湾源泉所得	源泉徴収免除	20%

注：法人居住者に対して，銀行借入の利息，手数料，賃借料及びロイヤリティについて，法規定に基づき統一発票を発行している場合，源泉徴収は免除。

Q47　非居住者における源泉所得税の軽減方法

　台湾において非居住者として行った取引について，台湾で発生した源泉所得にかかる税金について軽減できる方法はないでしょうか。

Answer

　Q46に記載の通り，台湾源泉所得に該当する場合，たとえ台湾非居住者であっても，源泉徴収によって税金が課されることになります。また，源泉徴収は収益総額に対して税率を乗じて計算されるため，収益からコストを考慮した利益ベースで課税される通常の申告納税よりも大きな税額となります。

これに対して，一定の条件を満たす場合，台湾内の税法における優遇税制の適用や相手国と租税協定が締結されている場合には，税額を軽減できる可能性があります。

一般的によく適用される主な対応は，以下の通りです。

● 租税協定の適用の検討

日本と台湾の間でも租税協定が締結され有効化されています。日台租税協定で言えば，恒久的施設（PE：Permanent Establishment）に該当または該当する所得でないことを証明した免税申請や，配当・利息・ロイヤリティの軽減税率の適用が可能となります。日台租税協定の詳細についてはQ44を参照ください。

● 所得税法25条の申請（みなし利益率の適用）

技術サービス等の特定の業務について，所得税法第25条にて定める要件を満たす場合，税務当局に申請し許可を得ることで適用される源泉税率についてみなし利益率の適用が可能となります。この結果，最終的に税率は20％から３％（国際運輸は２％）まで低減されます。

最終的な税額

---

① 国際運輸業務の場合

収益額×10/100×20％（通常の源泉徴収税率）＝収益額×2％（25条適用後の源泉徴収税率）＝納税額

② 建設工事請負，技術サービス，設備機器リース等の業務の場合

収益額×15/100×20％（通常の源泉徴収税率）＝収益額×3％（25条適用後の源泉徴収税率）＝納税額

主要な適用要件は以下の通りです。

・本店を台湾外に持つ営利事業者であること

・業務の内容が，国際物流，建設・建築の請負，技術サービスの提供，機械

設備等のリース業に該当すること

・ロイヤリティに該当しないこと

・原価費用の配賦計算が困難であること

・税務当局へ申請と許可を得ること

納 税 方 法

　台湾における支店等の固定営業場所や営業代理人（Q46参照）の有無によって納税方法が異なります。

支店等や営業代理人の有無	営利事業所得税の納付方法
支店を有する場合	中間申告及び確定申告の手続きを行う
支店はないが営業代理人がいる場合	営業代理人が源泉徴収を行う 営業代理人が代金を受領しない場合，源泉徴収に関連する規定を参照の上で申告納付を行うか，または対価を支払う側にて租税徴収機関に届け出た上で源泉徴収の承認を受ける
支店も営業代理人も設置していない場合	対価を支払う者が，その支払時に源泉徴収を行う

　なお，取引開始後であっても所得税法25条の申請は可能です。但し，例えば支店も営業代理人も設置していない場合には，源泉徴収漏れを指摘されないために，許可取得前に既に支払がある場合は通常通りに20％の源泉徴収を行い，許可取得後に還付対応を行う必要があります。

　また，税務当局への申請にあたっては，通常，契約書等のエビデンスと共に業務の説明を実施します。場合によっては，他の税務リスクなどが生じないよう会計事務所と協議することをおすすめします。

● 　その他の優遇税制等の利用

　租税協定の適用や25条の申請以外にも，台湾における事業や業務の内容に

よって，他の税法によって税額を軽減できる可能性があります。例えば，所得税法4条第21号に規定されるロイヤリティ，または政府による認可を受けた重要な生産事業等に対する外国事業者に支払った技術サービス報酬の免税かつ源泉徴収免除があります。ロイヤリティは，新たな生産技術，品質の改善，外国の営利事業者が所有する特許権や商標権等に係るものであり，「技術提携」があることを要件とされ，経済部も含めた当局への申請許可が必要となり，比較的難易度は高いものとされます。そのため，一般的な状況下では，先に，上記の租税協定の適用や所得税法25条の適用ができないかについて検討されます。

Q48　各国との租税協定

　台湾と他国の間で租税上の協定や取り決めはあるのでしょうか。

Answer

　所得に対する租税に関する二重課税の回避及び脱税の防止のため，台湾においてもOECDの国際的なモデルに基づき，他の国と租税にかかる協定が締結されています。一般的には租税条約と言われますが，台湾においては租税協定や民間取り決めと言われます。2024年4月現在，台湾が包括的な租税協定を締結しているのは以下の35か国であり，日本との間では，2017年1月1日より発効されています。

地区（協定数）	国
アジア・中東（10）	インドネシア，インド，イスラエル，日本，マレーシア，シンガポール，タイ，ベトナム，サウジアラビア，韓国
オセアニア（3）	オーストラリア，キリバス，ニュージーランド

ヨーロッパ（16）	オーストリア，ベルギー，チェコ，デンマーク，フランス，ドイツ，ハンガリー，イタリア，ルクセンブルク，北マケドニア，オランダ，ポーランド，スロバキア，スウェーデン，スイス，イギリス
アフリカ（4）	ガンビア，セネガル，南アフリカ，エスワティニ（旧国名：スワジランド）
アメリカ州(2)	カナダ，パラグアイ

　なお，台湾と中国との間においても，2015年8月に両岸租税協定が締結されていますが，2024年4月現在，未発効のままとなっています。

Q49　日台租税協定の概要

日台租税協定の概要について教えてください。

Answer

　Q47の通り，日本と台湾では，2015年11月26日に「所得に対する租税に関する二重課税の回避及び脱税の防止のための公益財団法人交流協会と亜東関係協会との間の取決め（通称「日台租税協定」）」が締結され，2017年度または2017年1月1日以降の所得に適用されています。日台租税協定は，主に，所得源泉国が，相手国の人民及び企業が得た各種所得について適切な租税減免措置を提供し，これにより二重課税を解消し，税負担を軽減すると共に，紛争解決の枠組みを提供しています。主な内容の概要は以下の通りです。

適用範囲	適用対象	居住者：各自の税法の規定を満たす居住者をいう。これには，個人及び企業が含まれる
	適用税目	主に所得税

主な税の 減免措置	特定所得 の税率の 上限	1．配当：税率の上限は10％とする 2．利息：税率の上限は10％とする 3．ロイヤリティ：税率の上限は10％とする
	事業所得	一方の地域にある企業が他方の地域で営業を行っているものの 「恒久的施設」を構成しない場合，その「事業所得」は免税とする
関連企業との移転価格		事前確認制度（APA）等の対応的調整の枠組みを提供し，関連企業取引の双方における二重課税の問題を解消
紛争の解決	相互協議 （MAP）	一方の領域の居住者において，本協定にかかる紛争，移転価格に対応的調整にかかる紛争またはその他の二重課税の問題が生じた場合，一定期間内に，当該一方の領域の税務当局が相互協議の申し入れを行い，関連する問題を解決することができる

Q50　日台租税協定の適用にあたって

　日台租税協定の適用による二重課税の回避や租税減免のための対応について教えてください。

Answer

　租税協定の適用によって，配当や利息の特定取引や恒久的施設（PE）に該当しない場合等の租税の減免することが可能となります。

　しかし，台湾の場合，租税協定は，国内法に優先して自動的に適用されるわけではなく，必要書類を提出し，必要な手続きを経なければ減免は適用されない点に注意が必要です。ここでは減免の内容と対応について説明します。

● 　特定所得に対する上限税率の適用

　日本企業が台湾の配当，利息及びロイヤリティ・使用料の所得を取得した場合，台湾の所得税法の規定によると，配当については21％，利息と使用料については20％を源泉徴収する必要があります。但し，日台租税協定の適用後は源

泉徴収税率を下表の通り引き下げることができ，これにより税負担の軽減が可能となります。

所得の種類	通常	租税協定の適用
配当	21%（源泉徴収）	10%（源泉徴収）
利息	20%（源泉徴収）	10%（源泉徴収）
ロイヤリティ・使用料(注)	20%（源泉徴収）	10%（源泉徴収）

注：ロイヤリティ・使用料とは，文学上，芸術上もしくは学術上の著作物（映画フィルム及びテレビ放送用またはラジオ放送用のフィルムまたはテープを含む）の著作権，特許権，商標権，意匠，模型，図面，秘密方式もしくは秘密工程の使用もしくは使用の権利の対価として，または産業上，商業上もしくは学術上の経験に関する情報の対価として受領されるすべての種類の支払金をいう。

　上限税率の適用にあたっては，国税局に対して個別に承認申請を行う必要はなく，源泉徴収の申告期限までに，申請書を添付して併せて提出することで対応が完了します。

　申請書類は申請内容によって異なりますが，主な書類としては，適用申請書，日本の税務署が発行する居住者証明書，及び所得にかかる受益者証明書等があります。書類によっては，取得に時間を要するものがあり，他方，源泉徴収の期間は，非居住者への支払の場合はそれから10日と非常に短いため，事前の準備対応が必要となります。

● 事業所得について，恒久的施設（PE）が存在しない場合の免税の申請
　事業所得についての免税については，税務当局への申請と承認後に初めてその適用を受けることができます。財政部の定める「所得税協定の適用にかかる審査準則」の適用手続きを参照し，対応する必要があります。

　台湾企業と日本企業においては，現地の市場や顧客の要求のために物品を現地で保管したり，担当者を現地に派遣して技術指導またはコンサルティングを行うケースが見受けられます。この場合，租税協定における恒久的施設（PE）

に該当しないのであれば，所得源泉国ではこれが免税となるべきですが，台湾では，台湾内に固定営業場所や営業代理人を置かない場合にも，まず，当該取引が国内源泉所得に該当する場合，原則として対価を支払う側に源泉徴収の義務が生じ納税が必要となっています。

これに対して，もし，当該日本の営利事業者が台湾において恒久的施設（PE）が存在しないもしくは恒久的施設（PE）に帰属する事業所得が無い場合は，租税協定に基づき，免税適用のために税務当局へ申請手続きによって，これらを証明することができ，許可を受けた場合に限り免税となります。

「恒久的施設（PE）」とは，事業を行う一定の場所であって企業がその事業の全部又は一部を行っているものを言い，一般的に「PE（Permanent Establishment）」と略称されます。日台租税協定第5条では，主に，事業の管理の場所，支店，事務所，工場，作業場などの固定営業場所（Q46参照）のほか，例えば，以下のような活動も含まれるとされています。

- ・建築工事現場若しくは建設，組立て若しくは据付けの工事またはこれらに関連する監督活動（6か月を超える場合に限る）
- ・企業が行う役務の提供で，使用人その他の職員または者を通じて行われるもの（開始し，または終了するいずれかの12か月の間において合計183日を超える場合）

但し，物品または商品の保管，展示または引渡しのためにのみ施設を使用する場合など，当該一定の場所における活動全体が準備的または補助的な性格のものは恒久的施設に該当しないものとされています。

なお，この恒久的施設（PE）が存在しないもしくは恒久的施設（PE）に帰属する事業所得がない場合の免税申請にあたっては，以下の書類を準備し税務当局へ提出をして説明を行うことになります。様々書類を提出することになるため，他の税務リスクも含めて会計事務所と十分な検討をすることをおすすめします。

- ・適用申請書

・日本の税務当局が発行する居住者証明
・台湾に恒久的施設（PE）が無いこともしくは恒久的施設（PE）に帰属する
　営業ではないことの関連資料
・所得に関する証明書類…等

Q51　外国税額控除

　台湾にも外国税額控除の制度はありますか。その概要について教えてください。

Answer

　台湾にも外国税額控除の制度があります。

　台湾内の営利事業者については，台湾内外のすべての営利事業所得に対して法人税が課税されますが，台湾外から得た所得で所得源泉国の税法の定めにより納付した所得税については，一定の条件を満たすことで外国税額控除を適用することができます。

　具体的には，納税義務者が所得源泉国の税務機関が発給する同一年度の納税証明書と，所在地の台湾公館またはその他台湾政府による許認可を受けた機構による認証を提出することにより，すべての営利事業所得に係る課税額から控除することができます。但し，控除額は，その国外所得を加算して国内の適用税率で計算した場合に増加した課税額を超えてはならないものとされます。

営利事業にかかる外国税額の控除限度額
　＝（基本税額－営利事業所得税の課税額）×（国外で免税を受ける基本所得
　額÷国内及び国外で免税を受ける基本所得額）

Q52　法人所得税上の罰則

法人所得税上の罰則について教えてください。

Answer

　所得税法上に規定されている主な罰則は以下の通りです（条文番号は所得税法の番号）。

違反状況	罰則	備考
遅延による事後の自己申告：納税義務者が自発的に租税徴収機関に修正申告を行い，申告漏れとなった税金の納付を行った場合，告発はされない。租税徴収機関または財政部が指定した調査員による調査がなされていない場合	郵便貯金の定期預金（中華郵政股份有限公司）の１年満期の固定利率に従い，その利息を日割計算して加算するものとする	112条
所得の過少申告または申告漏れ：納税義務者が規定に従って確定申告手続きを完了し，法の規定により申告すべき課税対象所得額について申告漏れまたは過少申告がある場合	申告漏れとなった税額の２倍以下の過料	110条１項
法に従った上で申告を行わなかった場合：納税義務者が規定に従って確定申告を行わなかった場合で，租税徴収機関による調査を受けて，法に基づき課税対象となる所得額が存在することが発覚した場合	法に基づいて決定された追徴税額を納付するとともに，追徴税額の３倍以下の過料	110条２項

　それぞれ，課税額審査期間内において，課税対象となる税金が別に発見された場合も，法に基づいて追徴課税を行い，または併せて処罰がなされます。

　なお，このほか，租税徴収法（中国語名「税捐稽徴法」）において，別途刑事上の罰金の規定等が定められています。2021年12月の総統華総一経字第11000117751号令によって，不正による脱税の罰則が強化されています。主な規定は以下の通りです（条文番号は租税徴収法の番号）。

違反状況	罰則	備考
納税義務者が不正の方法で脱税した場合	５年以下の懲役及び1,000万台湾ドル以下の罰金但し，営利事業者の脱税金額が５千万台湾ドル以上となる場合には，１年以上７年以下の懲役及び1,000万台湾ドル以上１億台湾ドル以下の罰金	41条
不正の方法による脱税の誘導または協力をした場合	３年以下の懲役及び100万台湾ドル以下の罰金	43条

Q53　営業税

　台湾には，日本の消費税にあたる税金として，営業税がある
と聞きました。その概要について教えてください。

Answer

　営業人が，営業人の販売した物品または役務及び輸入物品に対して課税する
一種の販売税を営業税と言います。これは，日本の消費税にあたるもので，消
費者が負担するため消費税と呼ばれることもあります。

　台湾の営業税は，付加価値型と非付加価値型に区分され，主に統一発票
（Q54参照）をベースとしたインボイス方式による納税制度となっています。

1　付加価値型営業税（VAT：Value Added Tax）

　営業人が販売した物品または役務の総収入から，同一期間においてその他の
納税単位から購入した物品または役務の総支出を差し引いた額を基礎として課
税する租税です。輸出時におけるゼロ税率の適用を除き，基本営業税率は５％
です。

　販売税額（販売時に販売先から回収する仮受営業税）と仕入税額（仕入時または費
用支払時に支払先に対して支払う仮払営業税）の差額が納税額となります。

販売税額 − 仕入税額 = 納税額

　特別な規定による例外的な扱いを除き，大半の営業人が付加価値型営業税の適用を受けることになります。

2　非付加価値型営業税（GBRT：Gross Business Receipt Tax）

　物品または役務の販売総額に対して一定率を乗じて課される租税をいい，総額型営業税とも呼ばれます。特定の業種（銀行業，保険業，信託投資業，証券業，債券業，先物業，質屋業）のみ，この営業税の適用を受けることになります。

販売総額 × 税率 = 納税額

3　税率まとめ

類型	対象	税率
付加価値型	一般の営業人	5 ％
非付加価値型	銀行，保険	5 ％
	信託投資，証券，先物取引，債券及び質屋業	専ら本業に属する場合：2 ％ 専ら本業に属しない場合：5 ％
	保険業の再保険料収入	1 ％
	ナイトクラブ,娯楽活動を伴う飲食店	15％
	接待飲食店及び同席接客サービスを伴う喫茶店，カフェ，バー	25％
	小規模営業人，視覚障害者マッサージ業及びその他財政部の規定により売上額の申告を免除された営業人	1 ％
	農産物卸売市場の取次人及び農産物の販売を行う小規模営業人	0.1％

4　営業税の納税義務者

取引の属性	取引状況	納税義務者
物品の販売	国内での販売	物品を販売する営業人
	物品の輸入	物品の荷受人または所有者
役務の提供	国内での提供	役務を提供する営業人
	外国の事業者等の役務の購入（役務の提供者が台湾内において固定営業場所を持たない場合）	買受人
	外国の事業者等の役務の購入（役務の提供者が外国の国際運送事業者であり，かつ国内に代理人を設置している場合）	代理人
	国内の自然人が外国の電子役務を購入する場合	役務を提供する外国の営業人
その他	免税となる農業用油，漁業用油を譲渡または別の用途に転用し，免税規定を満たさなくなった場合	納税義務者の順序 1．譲渡した者または別の用途に転用した者 2．物品の所有者

Q54　統一発票

統一発票とは何でしょうか。

Answer

　統一発票とは，簡潔には，台湾における公式のインボイス・請求書です。台湾における営業税の申告・納税はインボイス方式が採用されており，一定の免除規定に該当する場合を除き，営利事業者は販売時にこの統一発票を発行し，相手方もこれを受領する必要があります。

　これを以って，営業税の申告においては，営利事業者は，自己の物品・役務の販売において回収する営業税を売上税額として，他方自身が購入した物品・

役務については，その支払時に払う営業税を仕入税額として控除し，売上税額と仕入税額の差額を納税することになります（営業税の申告・納税の詳細はQ55を参照）。統一発票は，連番で発行され，販売者は自身の統一番号を記載して発行をします。購入者は，統一番号を持つ事業者として仕入控除や税務経費とする場合には購入者の番号を入れることになります。統一発票には以下の種類があり，現在は，発行すると税務当局にデータが送信される電子発票の方式に移行されています。

統一発票の種類	内容・用途
三連式	・三枚綴りの統一発票 ・貨物または役務を国内営業者に販売する営業者の用に供されるもの
二連式	・二枚綴りタイプ ・貨物または役務を海外営業人・個人等の非営業者に販売する営業者の用に供されるもの
レジ式	・貨物または役務の販売の際に，レジで統一発票を発行する者が使用するもの ・使用と申告は，「営業人使用収銀機弁法（営業者に係るレジ使用規定）」の規定による
特殊用	・貨物または役務を販売する営業者の用に供されるもの ・金融業など（銀行，証券，投資信託，保険など）
電子計算機用	・貨物または役務を販売する営業者の用に供されるもの ・1式3枚綴りタイプで，これまで多く使われている統一発票の種類 ・サイズはA4サイズ，またはA4の半分以下
電子発票	・営業者が貨物または役務を買受人に販売する時，ネットワークまたはその他電子方式で発行，送信または受信した統一発票

　統一発票は，上記の通り，仕入控除として営業税の減額に必要となるほか，法人税の申告において，適切な経費であることを証明するエビデンスともなります。
　なお，統一発票が発行されない場合の営業税の仕入税額控除については別途規定があります。例えば，バス，電車，新幹線（高鐵），飛行機といった交通機

関の乗車券やチケット等は，統一発票と同様，仕入税額控除のエビデンスとして必要なものとなります。

Column **統一発票の意義。宝くじで調査？　日本でも始まったインボイス制度と合わせて。**

　台湾では，古くから統一発票を用いたインボイス制度による営業税の納税方式が取られています。このインボイス制度には，脱税の防止や税務当局の税務調査の効率性の向上など，多くの意義があります。

　販売者は，原則として購入者に対して統一発票を発行しなければならず，営業税を含めた代金の受領と共に営業税を納税する必要があります。

　他方，購入者は，統一発票を受領して初めて仕入税額控除して営業税の申告を行い，また，費用計上のエビデンスとなります。

　この統一発票には，販売者と購入者の事業者番号（統一番号）が記載されます。国税局は，納税申告されている販売税額，控除申告されている仕入税額が同一の番号にて対になっているかを確認します。特に納税される販売税額が適切に漏れなく申告されているかはポイントです。さらに，最近は統一発票の電子化が進んでいるため，国税はそのシステム上でとても効率的に販売と仕入が対になっていることを確認できます。

　以て，適切な納税の検証に役立てており，脱税防止，及び税務調査の効率性の向上に寄与するわけです。

　台湾では古くからこのインボイス制度が採用されており，日本においても自主申告制が改められインボイス制度が開始されることになりました。

　なお，台湾では，統一番号を持たない相手への販売の場合に対して，どう牽制機能を持たせているかご存知でしょうか。例えば，コンビニエンスストアで購入した個人には，統一番号が記載されないことが多いです。

　この購入者の統一番号が記載されていない統一発票は，2か月に一回，宝くじに参加できることになっています。統一発票の番号の一致によって，桁数ごとに，一等はなんと1,000万台湾ドル（約4,600万日本円），6等200台湾ドル（約920日本円）まで用意されています。統一番号を持たない者の購入での当選宝くじに変わった統一発票は国税局に持ち込まれます。これによって，国税局は，サンプリングするような形で調査が可能となっているのです。

　私も初めて台湾に来た時，この仕組は画期的であるなと感心しました。

Q55 営業税の計算・申告納税方法

営業税の計算方法，申告納税方法について教えてください。

Answer

1 課税範囲と計算方法

　台湾の営業税は属地主義を採用しており，台湾内での物品の販売または役務の提供ならびに物品の輸入に対し，すべて付加価値型または非付加価値型の営業税が課税されます。

(1) 売上税額

　売上額×税率＝売上税額。この金額は同時に買い手の仕入税額でもある。売上とは，企業体が物品あるいは役務を販売することで受け取ったすべての対価をいい，これには営業人の物品あるいは役務の価額以外に受け取った関税，貨物税，タバコ・酒税，サービス料（チップ）等のすべてが含まれる。

(2) 仕入税額の控除

　Q53にて述べた通り，付加価値型営業税の課税額は売上税額から仕入税額を控除した額となる。

　控除可能な仕入税額の申告において添付すべき書類は以下の通りである。

①　営業税額の記載がある統一発票の控除用控え。

②　営業税額の記載がある，税関が代理徴収した営業税納付証明書の控除用控え。

③　営業人の統一番号の記載がある，2枚複写式のレジ用統一発票の控えの写し。

④　物品販売にかかる返品，物品仕入にかかる返品または割引証明書及び税関による過払い営業税の還付申告書。

⑤　ゼロ税率の適用に必要な書類。

⑥　営業人が中古の乗用小型自動車及びオートバイを購入した際の仕入証明

明細書。

⑦　買受人の名称，所在地及び統一番号の記載のある，水道，電気，ガス等の公共事業者が発行した，2015年12月以前の日付の領収書の控除用控え。

⑧　営業人が他者と共同で分担する必要のある水道，電気，ガス等の費用の仕入税額で，前号の領収書の控除用控えの写し及び分担費用の税額証明書。支払通知書または支払済の証書の日付が2016年1月以降の場合，統一発票の写し及び分担費用税額証明書。クラウド発票の場合，統一発票番号またはシリアルナンバーの記載のある分担費用税額証明書。

⑨　従業員の出張時に取得した，運輸事業の発行した列車やバス，高鐵（新幹線），飛行機等の領収書または半券の写し。

⑩　税関が物品の競売または売却時に記入して発行した物品リストの控除用控え。

⑪　営業人の統一番号及び営業税額の記載のある，電子発票の証明用控え。

⑫　その他，財政部が承認した，営業税額の記載のある証憑または写し。

運輸事業の発行した列車やバス，高鐵（新幹線），飛行機等の領収書または半券の写しとホテルの統一発票の控除用控えによる仕入税額の計算は，営業税額＝チケット金額÷（1＋5％）×5％により計算し，端数が1台湾ドルに満たない場合，四捨五入で計算し，控除可能な仕入税額を計算する。

一例として，従業員が高鐵（新幹線）に乗って高雄に出張した場合，チケット代が1,490台湾ドルであったとする。営業人は，当該期の営業税の控除可能な仕入税額を申告する際に，「税額の記載のあるその他の証憑」欄で71台湾ドルの仕入税額を加算することができる［70.95台湾ドル＝1490台湾ドル÷（1＋5％）×5％］。

(3)　控除不能仕入税額

以下の仕入税額は，売上税額と控除できない。

①　物品または役務の購入時において，これに関係する統一発票を取得及び保管しなかった場合。

②　購入した物品または役務が，本業または付随する業務に使用されるもの

ではない場合。但し，国防建設，軍隊の慰労及び政府への寄付の場合は控除できる。

③　交際または接待用に使用される物品または役務。これには，宴会及び業務の推進と無関係の贈与も含まれる。

④　従業員個人への報酬として用いられる物品または役務。

⑤　自家用の乗用小型自動車（販売または役務提供のために使用されるもの以外の９人乗り以下の乗用車）。

(4)　非付加価値型営業税額

この類型の営業人に適用される仕入税額は控除できないため，非付加価値型営業税の課税額は売上税額（売上額×税率）となる。

(5)　外貨で販売する電子役務

電子役務の販売にかかる売上額を外貨で計算する場合，申告の属する期間の最後の１日における台湾銀行の直物為替レートの店頭終値で台湾ドルに換算した後，課税額を計算するものとする。

直物為替レートがない場合，現金買レートで計算する。定休日または国の定める祝日と重なる場合，翌営業日のレートで計算する。

2　申告納税方法

(1)　税 務 登 記

①　営業税法で，税務登記手続きが不要であると定められた営業人を除き，営業人の本社及びその他の固定営業場所が台湾内で営業を開始する前に，まず租税徴収にかかる主管機関に対して税務登記手続の申請を行わなければならない。

②　台湾に固定営業場所のない外国営業人が電子役務を台湾内の自然人に販売する場合で，年間売上額が48万台湾ドルを超えるときは，自ら税務登録手続きを行うか，またはこれを代理人に依頼する。

③　税務登記手続きを完了した営業人が，合併，譲渡，解散，廃止等の状況が生じた場合，または営業所所在地または営業の種類が変更となった場合，

租税徴収にかかる主管機関に対して登録の変更または抹消の申請を行うものとする。業務の休眠または再開を行う場合，申告及び承認が必要となる。

(2) **申 告 期 間**

① 営業税法において特に定めがない限り，営業人は，売上額の有無を問わず，2か月を1期として，奇数月の15日まで（すなわち，毎年1月，3月，5月，7月，9月，11月の15日まで）に売上額及び営業税額を申告するものとする。

② ゼロ税率の適用を受ける営業人は，1か月を1期として申請し，翌月15日までに申告することができる。但し，同一年度内はこれを変更できない。

(3) **申 告 方 法**

① インターネットによる申告

② 電磁的記録媒体による申告

③ 直接提出による申告

Q56 仕入税額控除と営業税の還付

仕入税額控除や還付について教えてください。

Answer

1 仕入税額控除について

営業税の申告において，すべての仕入や経費といった費用が仕入控除の対象となるわけではなく，以下に該当する場合は，売上税額から控除することが認められません。

① 物品または役務の購入時において，これに関係する統一発票を取得及び保管しなかった場合。

② 購入した物品または役務が，本業または付随する業務に使用されるものではない場合。但し，国防建設，軍隊の慰労及び政府への寄付の場合は控

除できる。

③　交際または接待用に使用される物品または役務。これには，宴会及び業務の推進と無関係の贈与も含まれる。

④　従業員個人への報酬として用いられる物品または役務。

⑤　自家用の乗用小型自動車（販売または役務提供のために使用されるもの以外の９人乗り以下の乗用車）

なお，非付加価値型営業税額に該当する事業者は，そもそも仕入税額の控除ができず，売上税額が税額となります（Q53参照）。

2　仕入税額が売上税額を上回った場合

営業税は，２か月に一度申告納税をしますが，当期の売上税額よりも，仕入税額の方が大きい場合，税額の過大支払となる当該差額部分については，原則として，過大支払税額は還付されずに留保となり，翌期に繰り越されて翌期の売上に係る税額から控除されます。また，翌期もまた過大支払となった場合は，合算されて翌々期に留保されます。税法上，留保に期限はありません。

但し，以下の場合には営業税の還付が認められています。

①　ゼロ税率（主に輸出），固定資産購入，合併，譲渡，解散等に際して発生した過大支払営業税

②　上記のほか，累積された留保営業税が多額になり，特殊な状況においては財政部に税金還付を申請し許可を得た場合

Q57　営業税のゼロ税率と免税取引

輸出等の営業税ゼロ税率の適用，営業税の免税取引について教えてください。

1　ゼロ税率の適用について

「ゼロ税率」とは，主に物品または役務の輸出などについて，適用される営業税の税率がゼロになることを言います。

ゼロ税率の適用を受ける項目は以下の通りである。

① 物品の輸出販売（5万台湾ドル以下は，税関への輸出届出が免除される）。

② 輸出販売に関係する役務，または台湾で提供され外国で使用される役務。

③ 免税店で旅客に販売した物品。

④ 保税区の営業人の運営用に販売した物品または役務。

⑤ 国際間の運輸（上限あり）。

⑥ 国際運輸用の船舶，航空機及び遠洋漁船。

⑦ 国際運輸用の船舶，航空機及び遠洋漁船に使用する物品または修繕役務の販売。

⑧ 保税区の営業人が課税地区の営業人に販売する，輸出販売用の物品。

2　営業税の免税

「免税」とは，日本でいう非課税取引であり，物品または役務の販売時に営業税の課税そのものが免除されることを言います。但し，その仕入税額を控除または還付することはできません。

免税の適用を受ける項目には，例えば，土地の売却，社会福祉にかかる役務の提供，新聞社，テレビ局等が販売する基本事業にかかる新聞，出版物，通信原稿，広告，プログラムの放送及び放映，印紙または郵便切手を代理販売する役務，徒歩での路上移動販売を行う者が販売する物品または役務，漁民が自ら捕獲し自ら販売する海産物，各種政府が発行する債権及び法に従って証券取引税の課税を受ける証券，銀行業の本支店間取引による利息等があります。

なお，営業人が上記の免税の適用を受ける項目を販売する場合でも，財政部に対して免税適用の放棄を申請することができ，この場合，付加価値型営業税の課税を受けます。但し，承認後３年間はこれを変更することができません。

Q58　越境電子商取引と営業税

　台湾外への国境を越えた電子商取引に係る営業税について教えてください。

Answer

1　概要

　2016年12月28日の総統より公布された営業税法一部条文改正によって，台湾内に固定の営業場所を有しない外国事業者が電子役務を国内の自然人に販売し，かつ年間の売上高が48万台湾ドル以上に達する場合，営業税法第28の１条及び税籍登記規則第３章の規定に従い，自らまたは税務申告の代理人に依頼の上で税籍登記を行わなければならないものとされています。また，税籍登記を実施した海外の電子商取引業者は，前述の営業税法の規定により，法律に基づき営業税の申告及び納付を行わなければなりません。

2　電子役務の定義

　電子役務とは以下を指します。

(1)　インターネットまたはその他電子的方法によって通信することで提供され，コンピューターまたは携帯端末（例えばスマートフォンまたはタブレットなど）にダウンロードして使用される役務。

(2)　いかなるデバイスにもダウンロードして保存する必要はないが，インターネットまたはその他電子的方法によって使用される役務。これにはオンラインゲーム，広告，動画，音声，コンテンツ（例えば映画，ドラマ，音

楽など），双方向通信等のデジタル方式により使用される役務が含まれる。

(3) インターネットまたはその他の電子的方法により提供され使用される役務。これには，例えば海外の電子商取引業者のインターネットプラットフォームにより提供され，実体のある場所において使用される役務が含まれる。

3 国内の自然人について

台湾内の自然人とは，以下を指します。

(1) 購入される役務について，実体を有する使用場所がない場合，台湾内に住所または居所を有する個人，あるいは以下の状況に該当する個人を指す：

① コンピューターまたは携帯端末を利用して，電子，無線LAN，光ファイバーなどの技術によるインターネットへの接続またはその他の電子方式により役務を購入する場合で，設備または装置の据付地が台湾内にある場合。

② 携帯端末を運用して役務を購入する場合で，買受人が保有する携帯電話番号の国番号が台湾のコード（886）である場合。

③ 取引に関連する情報により，買受人が台湾内の自然人であると判断できる場合。これには，例えば買受人が請求書を受け取る住所，支払の銀行口座の情報，買受人が使用する設備または装置のインターネットアドレス（IPアドレス），装置のユーザー識別コード（SIMカード）などが含まれる。

(2) 購入される役務について，台湾内に実体を有する使用場所がある場合，その買い受けた個人。役務使用地の認定は以下の通りである：

① 役務の提供が不動産に関連する場合（例えば宿泊役務または建物修繕役務など）で，その不動産の所在地が台湾内にある場合。

② 運送役務の提供で，その使用地が台湾内にある場合。

③ 各種パフォーマンス，展覧などイベント役務の提供で，その使用地が台湾内にある場合。

④　その他の役務使用地が台湾内にある場合。

4　課税範囲及び申告・納税方法

課税の範囲，申告・納税方法は以下の通りです。

(1)　海外の電子商取引業者が自ら開設したウェブサイトまたは立ち上げた電子システムを運用して，電子役務を台湾内の自然人に販売する場合，受け取るすべての代金につき，営業税法第35条の規定により営業税の申告及び納付を行わなければならない。

(2)　台湾内に固定の営業場所を有しない外国事業者，機関，団体または組織（以下「外国事業者A」という）が，海外の電子商取引業者Bが開設したウェブサイトまたは立ち上げた電子システムを利用して役務を台湾内の自然人乙に販売する場合，その買受人乙から受け取るすべての代金については，営業税法第35条の規定により営業税の申告及び納付を行わなければならない。海外の電子商取引業者Bが外国事業者Aから受け取るサービス費用（手数料またはコミッションなど）は，台湾の営業税の課税対象に該当しない。

(3)　外国事業者Aが海外の電子商取引業者Bが開設したウェブサイトまたは立ち上げた電子システムを運用して役務を台湾内の自然人乙に販売し，かつ海外の電子商取引業者Bを通して代金を受け取る場合，海外の電子商取引業者Bが受取人乙から受け取るすべての代金については，営業税法第35条の規定により営業税の申告及び納付を行わなければならない。外国事業者Aが海外の電子商取引業者Bから受け取る代金は，台湾の営業税の課税対象に該当しない。

Q59　営業税法上の罰則

営業税法上の罰則について教えてください。

　営業税法において規定される罰則は以下の通りです（条文番号は，営業税法の番号）。

違反状況	罰金	備考
営業人が規定に従って税務登録の申請をしていない場合	3,000台湾ドル〜30,000台湾ドル	45条 重複処罰も可能
営業人が規定に従って登録の変更または抹消の申請を行わず，または不実の申告をした場合	1,500台湾ドル〜15,000台湾ドル	46条 重複処罰も可能
納税義務者が規定に従って統一発票を使用せず，または他人に譲渡してこれを使用させ，または営業税納付書の受領を拒否した場合	3,000台湾ドル〜30,000台湾ドル	47条 重複処罰も可能
営業人が発行した統一発票に記載された情報が不完全であり，または不実事項がある場合	1回目：売上額の1％ （1,500台湾ドル〜15,000台湾ドル） 2回目以降：売上額の2％ （3,000台湾ドル〜30,000台湾ドル）	48条 重複処罰も可能
営業人が，課税対象物品または役務の定価について，規定に従ってこれに営業税を含めなかった場合	1,500台湾ドル〜15,000台湾ドル	48条の1
営業人が，本法に定める期限に従って売上額または統一発票の明細表の申告を行わなかった場合	(1)　無申告加算税： 遅延日数が30日未満の場合，遅延2日ごとに課税額の1％を追徴する（1,200台湾ドル〜12,000台湾ドル）。課税額がない場合は，1,200台湾ドルとする (2)　申告遅延加算金： 遅延日数が30日を超える場合，決定された課税額の30％を追徴する（3,000台湾ドル〜30,000台湾ドル）。課税額がない場合は，3,000台湾ドルとする	49条

納税義務者が税金を期限後に納付した場合	納付期限が満了した翌日から，遅延2日ごとに滞納金額の1％の滞納金を追徴する。遅延日数が30日を超えても納付しない場合，強制執行手続きに移行し，その営業を停止させることができる	50条 租税徴収機関に対し期限延長または分割納付を申請することができる
営業人に統一発票の発行漏れまたは売上額の過少計上があった場合	売上額の過少計上または計上漏れの場合，規定の税率に従って税額を計算し税金を納付すると共に，当該税額の5倍以下の罰金に処する。罰金は100万台湾ドルを超えてはならない	52条 調査により1年以内に3回発見された場合，その営業を停止する
以下に該当する納税漏れがあった場合 (1) 納税義務者が規定に従った税務登録を行わずに営業している場合 (2) 納税義務者が規定の期限から30日経過しても売上額または統一発票の明細書の申告を行わず，かつ営業税を納付しない場合 (3) 過少申告または申告漏れとなった売上額 (4) 登録抹消の申請後または租税徴収にかかる主管機関により営業停止となった後も引き続き営業している場合 (5) 虚偽の仕入税額を申告した場合 (6) 規定の期限から30日経過しても，国外役務の購入にかかる規定に従った営業税の納付を行っていない場合 (7) その他の申告漏れの事実がある場合	税金の追徴を行い，申告漏れのあった税額の5倍以下の罰金に処すると共に，その営業を停止させることができる	51条

Q60 関税と保税エリア

関税の概要と保税エリアについて教えてください。

Answer

1 台湾における関税の概要

関税は，輸入貨物に課される税金であり，「関税法」及び「税関輸入税則」の規定に従って徴収されます。台湾における現在の関税制度は，輸入品の価格評価及び税則分類が含まれ，これらは，WTO関税評価協定及びWCO（World Customs Organization）が制定した物品の名称及び分類についての統一システム（略称：HS）等の規定が採用されています。関税総局（http://web.customs.gov.tw）に「税関輸入税則総則」及び「税関輸入税則解釈準則」があり詳細が定められています。

2 保税エリアと保税取引

台湾に貨物が輸入される場合，通常，輸入営業税及び関税が課されますが，保税エリアにおける取引においては，貨物の搬入時点においては，営業税及び関税の課税が留保されます。

保税エリアは，自身で申請する場合と，既に保税地域として認められているところに拠点を設立する場合とがあります。前者は，保税倉庫，保税工場，免税店等があり，後者には輸出加工区，科学園区（サイエンスパーク），自由貿易港区等があります。それぞれ，申請要件，設置要件，優遇措置が異なりますので，台湾への進出や事業の展開にあたって考慮が必要となります（台湾進出についてはQ3を参照）。

Q61 移転価格税制

台湾の移転価格税制について教えてください。

Answer

　営利事業者が第三者と取引を行う場合には，マーケットのメカニズムを通じて価格が決定される（独立企業間価格と言います）ケースが多いですが，取引の当事者が親子会社間のような関係にある場合には，市場価格によって取引が行われるとは限らず，どちらか一方に有利となるように定められる可能性もあります。

　このように，一方の国の取引当事者の取引価格が有利となり利益が増えた場合，最終的に課税所得や納税額にも影響します。これを移転価格の問題と言い，自国の税収に不利とならないように世界各国で移転価格税制が整備されています。

　台湾においては，2005年より移転価格に関する税制として「移転価格審査準則」が適用されています。台湾における移転価格関連規定は，OECDの定めるガイドラインに準拠しています。

　移転価格審査準則に従い，一定の免除規定（セーフハーバー）に該当する企業を除き，移転価格報告書を準備しなければなりません。

　移転価格報告書には，提出企業及び企業グループの概要や組織図，関連者間取引のまとめ及び経済分析とその結果等を記載します。

　移転価格報告書の提出義務のある会社は，法人税申告書の提出までに書類を準備し，税務当局から提出要求後，1か月以内に提出する必要があります。但し，1か月の提出の延長が認められています（移転価格審査準則22条）。

　法人税申告書内においては，一定の基準を満たす場合，関連者間取引を開示する必要があります。これによって，税務当局は，過去の申告書内容を踏まえた企業の損益の状況のほか，関連者間取引の状況を把握することができます。

関連者とは，移転価格審査準則３条に規定される関係会社及び同４条に規定される所定の関係にある者を言います。

関係会社の主な要件：

・営利事業者相互間に支配あるいは従属関係がある会社であり，営利事業者が直接または間接的に，その他の営利事業者の議決権付株式または資本額を有しており，それらが当該その他の営利事業者の発行済議決権付株式総数または資本総額の100分の20以上となる場合

・２つの営利事業者における業務を執行する株主または董事の半数以上が同一である場合

その他の関連者の主な要件：

・営利事業者の董事，監察人，総経理またはこれ以上の職位の者の配偶者，または

・営利事業者の董事長，総経理またはこれ以上の職位の者の２親等以内の親族。

<関連者間取引の開示規定>

　法人税申告書における関連者間取引の開示にかかるフローチャートは以下の通りです。

▶ 関係会社及び関係会社間取引情報の開示要否についてのチェックフロー

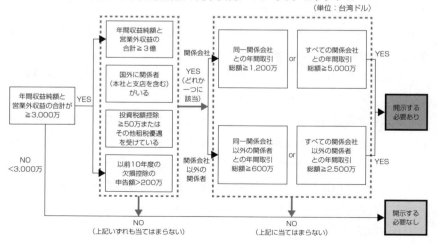

移転価格報告書の提出義務にかかるフローチャートは以下の通りです。

▶ 営利事業者の移転価格報告書の準備の要否についてのチェック方法
　（セーフハーバー規定）

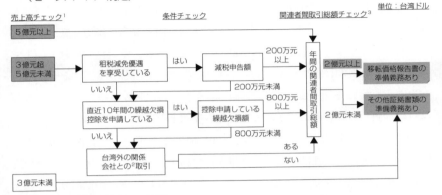

1. 年間営業収入純額及び非営業収入の合計額
2. 金融持株会社または企業合併法の規定を適用する会社又は子会社の場合は，台湾外の関係会社の有無の判断をしなければならない
3. 取引形態のパターン，または営利事業者の収入に係る取引であるか支出に係る取引であるかを問わず，絶対額をもって年間総額に合算しなければならない

　上記セーフハーバーの規定によると，移転価格報告書の提出義務がなくとも，その他証拠書類を準備することになります。これは，税務当局から要求があった場合，たとえ移転価格報告書の提出義務がなくとも，独立企業間取引の原則に則しているかを証明する必要があることを示します。なお，その他証拠書類には，移転価格審査準則上，特にルールや雛形は設けられていないので，税務当局の要求に沿うよう準備が必要となります。

Q62　BEPSについて

　台湾におけるBEPSの導入状況，特にマスターファイル，国別報告書の作成義務及び提出義務について教えてください。

Answer

　BEPSとは，Base Erosion and Profit Shifting（「税源浸食と利益移転」）の略称であり，「国際的な二重課税の廃止」と「国際的脱税の防止」のため，経済協力開発機構（OECD）が主導し，加盟国などによる協調と提携に基づく統一的な国際課税ルールです。全部で15の行動計画にて構成され，随時発効されています。

　台湾は，OECDには加盟していないものの，このBEPSの導入に合わせて税制を改正し対応を図っています。BEPSのうち，特に移転価格に関連するものは行動計画13の移転価格にかかる文書化の要求となります。具体的には，これまでの移転価格報告書（ローカルファイル）のみならず，一定要件を充たすグローバル企業の親会社は，移転価格報告書に加えてマスターファイル，及び国別報告書（CbCR＝Country by Country Reporting）を作成する必要があり，これを台湾当局にも提出することになります。

　グローバルに展開する企業グループの台湾の事業体についても，要件を満たす場合には提出が必要となります。

　マスターファイル及び国別報告書の概要，及び提出基準及び方法等は以下の通りです。

	マスターファイル	国別報告書（CbCR）
主な内容	組織構成，運営状況，資金融資，無形資産，財務と税務の情報　等	① 各国または地域での収入，税引前損益，納付済法人税，登記資本金，利益剰余金，従業員数，及び有形資産 ② 多国籍企業グループの居住地または設立国（または地区）及びその主要活動状況　等

提出義務者	多国籍企業グループの構成会社であるもの	多国籍企業グループの最終親会社が居住地国に国別報告書を提出していて，当該国または地域は台湾との間に国別報告書の情報交換協定を締結しているが，税務当局が関連の協定に基づいて国別報告書を取得できない場合の当該グループ会社　等
セーフハーバー	多国籍企業グループの会社単体にて，年間における営業収益純額及び非営業収益が合計30億台湾ドル未満，または全年度におけるクロスボーダー関連者取引総額が15億台湾ドル未満の場合	①　多国籍企業グループの前一年度の連結収益総額が270億台湾ドル未満の場合 ②　多国籍企業グループの会社単体にて，年間における営業収益純額及び非営業収益が合計30億台湾ドル未満，または全年度におけるクロスボーダー関連者取引総額が15億台湾ドル未満の場合
提出期限	確定申告時までに準備し，決算期終了後一年以内に提出する	決算期終了後一年以内に提出する。 但し，日台間では情報交換規定が有効化されているため，直接台湾当局への提出は不要（必要な場合に台湾当局が日本の当局に直接提出を求める）。
報告言語	中国語が原則。 英語で作成した場合も徴税機関より中国語による提出の通知書が届くことがある。	中国語英語併記

Q63　ミニマムタックス制度

代替ミニマムタックス制度とは何ですか？

Answer

　ミニマムタックス制度とは，租税の減免規定を過度に適用した結果，納付する税金が少なくなり，または納税の必要がなくなった会社または高所得の個人について，一定の基本所得税額を納付させることを可能にする制度を言います。つまり，通常の所得税額に対して，ミニマムタックス制度にて計算される税額

119

が大きい場合はその税額を納付するものとなります。

「所得基本税額条例」によると，当該ミニマムタックスの税負担の基礎を「基本所得額」，納付すべき最低税額は「基本税額」と呼ばれています。

ミニマムタックス制度が適用される個人または営利事業者は，総合所得税または営利事業所得税の申告時において，ミニマムタックス制度の申告と納付を併せて処理することとなっています。

以下，法人に対するミニマムタックス制度を説明します（個人に対するミニマムタックス制度はQ76を参照ください）。

申告対象は，基本的には台湾内の営利事業者とされ，要件を満たす場合にはミニマムタックス制度の申告を行わなければならないものとされています。個人事業やパートナーシップ組織，教育，文化，公益，慈善機関または団体，台湾内に固定営業場所がなく，営業代理人がいない営利事業者や小規模事業者（所得50万台湾ドル以下）等は対象から除かれています。

営利事業者の基本所得額は，営利事業所得税の申告時における課税所得額や，租税優遇を適用した免税所得，証券及び先物取引所得，国際金融（証券，保険）業務支店（支店）の所得等によって計算されます。

基本税額は，基本所得額から50万台湾ドルの控除額を控除した後，12%の税率にて計算します。

その上で，最終的には一般所得税額と比較の上でいずれか大きい方を納税することになります。一般所得税額を納付する場合，再度基本税額を納付する必要はありません。

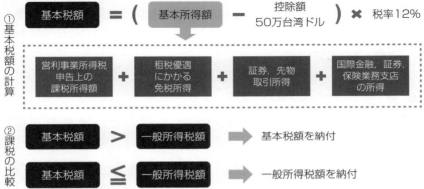

① 基本税額の計算

② 課税の比較

Q64　過少資本税制

過少資本税制について教えてください。

Answer

　過少資本税制とは，営利事業者について，その関連者に対する直接的または間接的な負債が，純資産比率が3対1の比率を超える場合，超過部分の負債にかかる利息支出については税務上の費用または損失（損金）として計上することはできないという制度です。

過少資本税制により費用または損失(損金)として計上することができない利息支出＝

$$\text{当該年度の関連者の利息支出の合計} \times \left(1 - \frac{3}{\text{関連者に対する負債の純資産比率}}\right)$$

　関連者に対する負債には，下記の項目が含まれます。

①　関連者が提供する借入

② 関連者が非関連者を通して提供する借入

③ 非関連者が提供する借入で，関連者が担保の提供や連帯責任を負う借入

④ その他，関連者もしくは非関連者を通して関連者より行われた負債性を有する各種の資金融通

純 資 産

貸借対照表上の純資産を指します。純資産が払込資本金と額面超過払込による資本剰余金の合計額よりも小さい場合には，純資産は当該払込資本金と当該資本剰余金の合計額とされます。また，台湾外に本社がある営利事業者の支店については，利息が生じない実際に投下された運営資金を純資産として扱います。

除 外 規 定

銀行，信用組合，金融持株会社，証券金融会社，保険会社及び証券会社には，この規定は適用されません。

また，以下の場合も過少資本税の適用は免除されます。

① 当年度に確定申告する営業収入及び非営業収入の合計金額が3,000万台湾ドル以下

② 当年度に確定申告する支払利息及び関係人負債に対する支払利息が共に400万台湾ドル以下の場合

③ 当年度に確定申告する支払利息を控除する前の課税所得がマイナスであり，かつその欠損について繰り越さない場合

Q65 税 務 調 査

台湾の税務調査について教えてください。

Answer

　台湾においても税務調査はあります。但し，日本とは対応方法が異なります。

1　税務申告の確定まで

　まず，税務申告書を提出してから，税務当局は申告書の内容を確認するため審査が行われます。大半の企業や個人は5月に申告を行うため，当局の審査には相当程度時間を要します。

　審査の結果，特に問題なければ，申告書の内容通りに確定となり，確定の通知書が送付されます。

　他方，当局の審査の中で，申告内容に疑問がある場合，質問状が発行されます。一般的に，この質問を「補足説明」の要求と呼びます。場合によっては，質問が繰り返され内容を掘り下げられることがあり，最終的に当局の疑問が解消しない場合，課税調整がなされることになります。確定の通知書は，課税調整や追加納税の通知となります。

・税務申告の確定まで
　〈申告から確定までの流れ〉

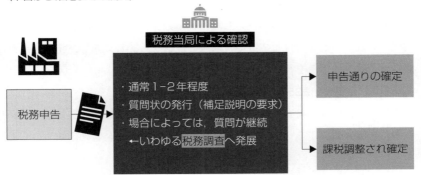

税務当局による確認

税務申告

・通常1-2年程度
・質問状の発行（補足説明の要求）
・場合によっては，質問が継続
　←いわゆる税務調査へ発展

申告通りの確定

課税調整され確定

2 台湾の税務調査の特徴

台湾の税務調査の特徴は以下の通りです。

① 税務調査の対象期間は，原則として単年度。

② 調査担当官は少数で，主として質問状を介して，書面・メール・電話にて対応がなされる。

③ 実地で税務調査が行われることは少ない。

④ 税務監査（Q38参照）を受けている場合，法人税の調査については，会計士が窓口となり対応する。

Q66 税務上の救済措置

税務上の救済措置について教えてください。

Answer

納税義務者は，税務機関の決定した租税処分に不服がある場合，租税徴収法（中国語「税捐稽徴法」）等の関連規定に従って以下の救済手続きを取ることができます。

(1) 復査（租税徴収法35条）

納税義務者が，税務機関の決定した租税処分に不服がある場合，その理由を明記し，証明書類を添付して，納付期限の翌日から30日以内等，定められた期限内に再審査の申請を行うことができるものとされます。

(2) 訴願（租税徴収法35条，訴願法）

租税徴収機関は，再審査の申請について，申請書を受領した翌日から2か月以内に再審査の決定を行い，決定書を作成の上で納税義務者に通知するものとされています。

このほか，納税義務者が，租税徴収機関の行った再審査による決定に対して不服がある場合，再審査決定書を受領した日の翌日から30日以内にこれを行う

ものとされます。

(3) 行政訴訟（租税徴収法38条，行政訴訟法）

　納税義務者は，租税徴収機関による再審査の決定に不服がある場合，法に基づき訴願及び行政手続きを行うことができます。訴願に対する決定に不服がある場合，訴願決定書の送達から2か月以内に高等行政法院に行政訴訟を提起するものとし，または訴願を提起してから3か月以内に租税徴収機関が決定を行わない場合か訴願に対する決定機関が延長し2か月を過ぎても決定を行わない場合，法に基づき行政訴訟を提起することができます。

● 　税務上の救済措置まとめ

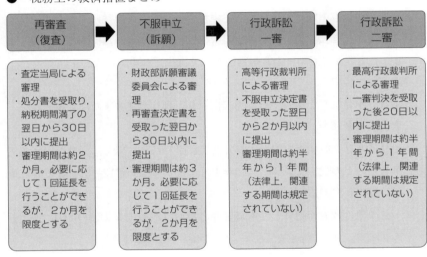

再審査 （復査）	不服申立 （訴願）	行政訴訟 一審	行政訴訟 二審
・査定当局による審理 ・処分書を受取り，納税期間満了の翌日から30日以内に提出 ・審理期間は約2か月。必要に応じて1回延長を行うことができるが，2か月を限度とする	・財政部訴願審議委員会による審理 ・再審査決定書を受取った翌日から30日以内に提出 ・審理期間は約3か月。必要に応じて1回延長を行うことができるが，2か月を限度とする	・高等行政裁判所による審理 ・不服申立決定書を受取った翌日から2か月以内に提出 ・審理期間は約半年から1年間（法律上，関連する期間は規定されていない）	・最高行政裁判所による審理 ・一審判決を受取った後20日以内に提出 ・審理期間は約半年から1年間（法律上，関連する期間は規定されていない）

Q67　その他の税金

その他の主な税金について教えてください。

　台湾にて事業活動を行う場合，他にも様々な税金が関係することがあります。ここでは主に発生するものとして，証券取引税，土地増値税，不動産所得税，印紙税，相続税（遺産税）と贈与税，及び娯楽税の概要を記載します。

● 　証券取引税

　証券取引税は，有価証券を売却する行為に対して，売買の取引成立価格に応じて有価証券の売却者に課税する一種の取引税であり，証券取引所得税とは性質を異にするものです。

　証券取引税は取引成立価格に従って課税され，取引の損益に関わらず納付しなければなりません。他方，証券取引所得税（2016年以降は課税停止となっています）は，有価証券の売却による利得に対して課税される所得税です。

証券取引税の税率：

①　会社が発行した株式または株式権利を表章した証書または証明の取引：取引成立金額の0.3％。

②　社債及び金融債権の取引：取引成立金額の0.1％。但し，証券取引税条例第2条の1の規定により，2010年1月1日から2026年12月31日まで課税を一時停止している。

③　その他の政府が認可した有価証券の取引：取引成立金額の0.1％（例：台湾預託証券，受益者証明書及びコール（プット）・ワラント等）

● 　土地増値税

　土地増値税の課税範囲は，台湾内の土地であり，国外の土地については課税の対象とされません。地価が設定されている土地について，土地所有権を移転する時に，その土地価格上昇の総額に応じて，土地増値税が徴収されます。

土地増値税の計算式：

土地価格上昇総額＝申告した土地譲渡時価－原設定地価または前回譲渡時に申告した土地譲渡時価×台湾地区における消費者物価指数/100－土地所有権者が土地改良の為に支払ったすべての費用

土地増値税の税率：

① 土地価格上昇総額の100％未満の部分：20％
② 土地価格上昇総額の100％～200％の部分：30％
③ 土地価格上昇総額の200％以上の部分：40％

税制優遇措置：

① 長期減税優遇措置：土地の所有期間が20年以上の場合，減税規定が適用される。
② 自家用住宅の土地増値税の優遇税率は10％とする。
③ 土地所有権者が土地を売却した後，移転登記の完了日から２年以内に土地を再購入し，それが一定の条件を満たす場合（新たな土地の購入後に売却した場合も準用する），租税徴収にかかる主管機関に対し，既に納付した土地増値税の金額の範囲内で，新たに購入した土地価格の支払に満たない金額分の還付を申請することができる。
④ 企業合併買収法第39条の規定により，原土地所有権者が負担した土地増値税は，合併買収後に土地を取得した会社の名義として記録される。

● **不動産取得税**

不動産の売買，質権実行，交換，贈与，分割または占有によりその所有権を取得した場合，いずれも不動産取得税の申告及び納付を行うことになります。

但し，土地増値税の徴収を開始した区域の土地については，不動産取得税は免除されます。

不動産にかかる税金については，取得・譲渡時，保有期間中にそれぞれ発生

しますが，この点についてはQ98にてまとめています。

● 印　紙　税

「印紙税法」に定める各種証書について，台湾内でその書面を作成した場合，当該法律により印紙税が課されます。

もし，当該文書が複数の国で複数の当事者との間で署名締結された場合，契約締結国の一つが台湾であり，台湾内で署名の上作成されたとき，法に基づいて印紙税が課されます。

印紙税の納税義務者は，契約書作成者または証書作成者です。各証書ごとの印紙税の税率または税額は，以下の通りです。

証書の種類	税率または税額
請負契約書：当事者の一方が他方のために一定の業務を完成させることを約した証書。例えば，各種工事の請負契約，印刷物の印刷請負及び加工代理契約書等がこれに当たる	1件につき，契約金額の0.1％
金銭の領収書：金銭の受領により作成する証書，帳簿，通帳をいう。金銭の受領書または代理受領証書，入金明細書，振込依頼書，納税証明書及び支払帳等は，これに該当する。但し，営業発票としての性質を兼ねる金銭の領収書及び金銭の領収書としての性質を兼ねる営業発票は，これに含まれない	1件につき，金額の0.4％ 入札募集者の入札保証金受取にかかる領収書：1件につき，金額の0.1％ 証書作成者が収入印紙を貼付する
動産売買契約書：動産売買のために作成した契約書をいう	税額：1件につき，12台湾ドル
不動産の質権設定，譲受及び分割にかかる契約書：不動産の質権設定及び売買，交換，贈与，分割により作成し，主管機関に物権登記を申請する際に根拠とする契約書	1件につき，契約金額の0.1％

● 相続税（遺産税）と贈与税

課税対象は，定常的に台湾内に居住している者か否かで判断をすることになります。

(1)　定常的に台湾内に居住する台湾の国民は，台湾内及び台湾外におけるすべての遺産及び贈与する財産について，相続税及び贈与税が課せられます。

　　ここでいう「定常的に台湾内に居住」するとは，死亡の事実または贈与行為の発生までの2年間に，台湾内において住所を有していた場合，または，台湾内に住所はないものの居所があり，かつ死亡の事実または贈与行為の発生までの2年間に台湾内に滞在していた期間が合計365日を超える場合をいいます（遺贈4条）。

(2)　定常的に台湾外に居住する台湾の国民，及び台湾以外の国民は，台湾内における遺産及び贈与する財産についてのみ，相続税及び贈与税が課せられます。

相続税と贈与税の基本計算式は以下の通りです。

相続税と贈与税の基本計算式

（課税対象遺産/贈与の総額－免税額(注1)－控除額）×三級累進税率(注2)＝
相続税/贈与税の課税額

注1：免税額
相続税免税額：1,200万台湾ドル（2022年1月1日より，1,333万台湾ドル）
贈与税免税額：毎年220万台湾ドル（2022年1月1日より，244万台湾ドル）

注2：三級累進税率
相続税率：

遺産純額（課税遺産総額－免税額－控除額）	税率
5,000万台湾ドル以下	10%
5,000万台湾ドル超～1億台湾ドル以下	15%
1億台湾ドル超	20%

贈与税率：

贈与純額（毎年の課税贈与総額－免税額－控除額）	税率
2,500万台湾ドル以下	10%
2,500万台湾ドル超～5,000億台湾ドル以下	15%
5,000万台湾ドル超	20%

● 娯 楽 税

　娯楽税は，娯楽税法の規定に従い，娯楽場，娯楽施設または娯楽活動の入場料または課金額について徴収されるものです。

Q68　連結納税・グループ通算制度の有無・タックスヘイブン税制

　連結納税制度，グループ通算制度，またはタックスヘイブン税制はありますか？

Answer

　原則として，グループの関連会社または関係会社は法人税がそれぞれで課され，連結納税申告書を提出することはできず，また，グループ通算といった制度もありません。

　但し，以下の場合に限り，連結営利事業所得税申告書をその企業自身の名義にて提出することができるものとされています。
　・12か月以上台湾の子会社の株式の90％以上を保有している金融持株会社
　・企業合併買収法に基づき合併，スピンオフまたはその他の買収を通じて子
　　会社の株式または資本の90％以上を取得し，かつ当該株式を12か月以上保

有している企業

　この場合，連結純所得に対する法人税に加えて，未分配の連結利益剰余金に対して５％の追加課税が適用されます。

　営利事業者に係る連結納税申告書を提出する選択は法人税についてのみ適用されるため，親会社及びその子会社は，他のすべての税金についてはそれぞれ個別に算定しなければなりません。

　なお，台湾においても，2023年度より，CFC（被支配外国法人：Controlled Foreign Company）税制，いわゆるタックスヘイブン税制が始まっています。CFC税制とは，外国子会社を利用した租税回避を抑制するために，一定の条件に該当する外国子会社の所得を，本国親会社の所得とみなして合算し，課税する制度です。

　台湾のCFC税制の概要は以下の通りです。

項目	内容
CFCの定義	海外の低課税国または地域(注1)に設立された外国会社で，営利事業者及び関係会社が合計でその株式または資本金の50％以上を直接的または間接的に保有している場合，あるいは当該外国会社に対して重要な影響力を有している場合。 注1：低課税国または地域とは，営利事業所得税または実質類似租税の税率が税法規定の税率の100分の70（つまり台湾の税率は20％なので14％）を上回らず，あるいは国内源泉所得に対してのみ課税する国または地域を指す。
適用対象	営利事業者及びその関係会社 免除規定：（いずれかに該当する場合） ①　所在国または地域で実質的な事業運営活動を行っている ②　当年度の利益が一定の基準：700万台湾ドル（受控外國企業所得適用辦法5条）以下（各関係会社の当年度利益合計額が一定基準を超えた場合には，依然として当年度の所得額に合算して課税しなければならない。）

合算課税所得の計算方法	CFCの営利事業者である株主はCFCの当年度利益について，持株比率及び保有期間に基づき投資収益を算出・認識して，当年度の所得額に合算して課税しなければならない。
欠損控除	実施年度より，CFCは各期に会計士の監査を受け，かつ徴税機関により確定された欠損を，10年内に当該CFCの利益から控除した後に，当該営利事業者の投資利益を計算することができる。
二重課税の排除	CFC制度により認識された投資収益は，実際に配当または利益の分配を受ける時は，再び所得額に合算して課税しない。また，分配を受ける配当または利益について既に所得源泉地の税法規定により納付された所得税は，投資収益を認識した年度の申告期間満了日の翌日より5年以内に，投資収益を認識する年度の要納税額から控除することができる。

　台湾における年の表記は，西暦よりも「民国」表記が一般的です。民国表記とは，中華民国が成立した1912年を民国元年とした数え方です。西暦年から1911を引くと民国年になります。例えば，西暦2024年12月1日は，民国113年12月1日です。

　身分証明書，運転免許証など，公的証明書はいずれも「民国」表記となっています。

　また，台湾の暦や休日は，基本的には旧暦（農暦）がベースとなっています。そのため，祝日については毎年変更になるものがあります。2024年の祝日は以下の通りです。

名称	日にち
中華民国開国記念日	1月1日
旧暦除夕及び春節 (注)	2月8日-12日（13日，14日は振替休日）
和平記念日	2月28日
清明節・民族掃墓節 (注)	4月4日
児童節	4月4日（4月5日に振替）
労働節	5月1日
端午節 (注)	6月10日
中秋節 (注)	9月17日
国慶日	10月10日

注：旧暦（農暦）の関係で毎年変更のあるもの。

　このほか，上記の祝日を連休にするため，土曜日を出勤日・登校日（補班・補課）にして振替休日としたり，また，台風が上陸する場合にその前日に各地方政府から発令される台風休暇（停班停課）といった休みがあります。台湾への出張や旅行の計画にあたっても注意が必要です。

第6章

個人にかかわる制度
（労働許可・ビザ・所得税・労働
基準法・各種社会保障制度等）

● Point ●

　この章では，個人にかかる制度について解説をします。

　台湾でのビジネスにあたり，外国人の雇用，日本からの駐在員の派遣，

出張者の対応，これに関連する税金，制度を把握することが重要となり

ます。

Q69　労働許可と外国人雇用

　　台湾の労働許可及び外国人の雇用の概要について教えてください。

Answer

　台湾において労働を行う場合，労働許可が必要となります。労働許可は，雇用と契約履行に分けられ，それぞれ関連する法規定に従い申請を行います。また，それぞれの労働の期間に応じてビザの取得の検討が必要です。

　労働許可の種類は以下の通りです。
・雇用　⇒　雇用主による労働許可の取得。
・契約履行　⇒　契約締結者等は，契約内容に応じた労働許可の取得。なお，契約履行を行う外国人の在留期間が30日以下であるときは，そのビザまたは入国許可証をもって労働許可とみなし，労動力発展署に労働許可の申請を行う必要はない。

1　労働許可を取得するにあたっての雇用主の条件

　雇用する外国人の身分に応じて，申請する労働許可は異なります。
　一般の従業員（経理人や支店長以外で専門的または技術的業務の実施），外国法人等の管理者（経理人や支店長等）に応じて，労働許可を申請する雇用主の要件は異なります。

＜一般の従業員（経理人や支店長以外で専門的または技術的業務の実施）の労働許可を申請する雇用主の資格要件＞
　(1)　台湾内会社の場合
　　①　会社設立から1年未満の場合は，払込資本金額が500万台湾ドル以上，

売上金額が1,000万台湾ドル以上，輸出入実績の総額が100万米ドル以上または代理手数料が40万米ドル以上。

② 設立から1年以上の場合は，直近1年または直近3年度の平均売上金額が1,000万台湾ドル以上，平均輸出入実績の総額が100万米ドル以上または平均代理手数料が40万米ドル以上。

(2) 台湾内の外国支店の場合

① 設立から1年未満の場合は，台湾における運営資金が500万台湾ドル以上，売上金額が1,000万台湾ドル以上，輸出入実績の総額が100万米ドル以上または代理手数料が40万米ドル以上。

② 設立から1年以上経過している場合は，直近の1年または3年度の台湾における平均売上高が1,000万台湾ドル以上，平均輸出入実績の総額が100万米ドル以上または平均代理手数料が40万米ドル以上。

(3) 目的事業の中央主管機関のプロジェクト許可を経た外国会社の代表者事務所で台湾における業務経験のある場合。

(4) 目的事業の中央主管機関の承認を経て設立された研究開発センター，企業の運営本部。

(5) 台湾内の経済発展に対して実質的な貢献がある，または事情が特殊なために中央主管機関と目的事業の中央主管機関との協議を経てプロジェクトが認定された場合。

＜外国法人等の管理者（経理人や支店長等）を雇用する雇用主の資格要件＞

(1) 会社設立から1年未満の場合は，払込資本金額または台湾における運営資金が50万台湾ドル以上，売上高が300万台湾ドル以上，輸出入実績の総額が50万米ドル以上または代理手数料が20万米ドル以上。

(2) 会社設立から1年以上の場合は，直近の1年または前年度の台湾における平均売上金額が300万台湾ドル以上，平均輸出入実績の総額が50万米ドル以上または平均代理手数料が20万米ドル以上。

(3) 目的事業の中央主管機関の許認可を経て設立された外国会社の代表者事務所で，かつ業務実績を有する場合。但し，設立から1年未満の場合は，業務実績は免除される。

(4) 台湾内の経済発展に対して実質的な貢献がある，または事情が特殊なために中央主管機関と目的事業の中央主管機関との協議を経てプロジェクトが認定された場合。

※雇用主が上記の管理者を雇用する場合の要件の規定に基づき雇用する人数が1名を上回る場合は，その外国人及び雇用主の資格またはその他の資格は，上記管理者以外の場合の規定（上記＜一般の従業員（経理人や支店長以外で専門的または技術的業務の実施）の労働許可を申請する雇用主の資格要件＞や下記被雇用者側の専門的及び技術的業務の要件等）を満たさなければなりません。

2 労働許可を取得するにあたっての被雇用者側（従業員側）の要件

労働許可の取得にあたっては，被雇用者側の月平均給与の要件を満たす必要があります（労職管字第1010512093号）。具体的には，専門的及び技術的業務に従事する外国人被雇用者の一人当たり月平均給与は，47,971台湾ドルを下回ってはならないものとされています。但し，以下のいずれかの事情がある場合には，別途要件があります。

(1) 公立または登録私立短大以上の学校または学術研究機関が特別研究プロジェクトを取り扱うために雇用する専任研究助手であり，その月額労働報酬が「国家科学委員会特別研究プロジェクト専任助手労働報酬参考表」の学士または修士の1年目の金額以上に達している場合。

(2) 2011学年度以降に公立または登録私立大学を卒業した外国籍留学生，華僑学生及びその他中華系学生であり，その一人当たり月平均給与が37,619台湾ドル以上に達している場合。

また，労働許可の期限延長にあたって，雇用する外国人が専門的または技術的業務(＊)や華僑または外国人が政府許可を経て設立した企業の管理職の業務

に従事する場合は，許可の期間は最長３年であり，期間満了後も雇用を継続する必要がある場合は，雇用主は期限延長を申請できるものとされています（就業服務法52条）。

（＊）　就業服務法46条第１項１号から６号に記載される専門業務を指し，例えば，建築技術業務，交通事業業務，財政・金融業務，不動産仲介業務，弁護士・弁理士業務，医療保健業務，環境保護業務，製造業，卸売業等を指す。

　雇用許可の有効期間が満了する日までの４か月以内に，雇用主はこれらの外国人を継続雇用する必要がある場合は，期限内に関連する規定の文書を準備した上で主管機関に雇用許可の期限延長を申請しなければなりません。但し，雇用許可の期間が６か月に満たない場合は，雇用許可期間の３分の２が経過した後に初めて申請を行うことができます（管理規則８条）。

３　雇用主の変更（就業服務法53条）

　もし，雇用主が雇用する外国人の雇用許可の有効期間内において，雇用主を変更する，または２つ以上の雇用主に雇用される必要がある場合は，新たな雇用主の許可を申請しなければならないものとされています。雇用主の変更を申請するときは，新たな雇用主は雇用される外国人の離職証明書を添付しなければなりません。

Q70　ビザ・外国人居留証

　台湾におけるビザ，外国人居留証の発行，在留事由の変更について教えてください。

Answer

１　ビザについて

　台湾における外国人のビザの種類は多くありますが，外国人が台湾で働くこ

とを前提とする場合には主に以下のビザが挙げられます。

① 停留ビザ（台湾内に180日未満の在留を予定する外国籍者）

② 居留ビザ（台湾内に180日以上の在留を予定する外国籍者）

Q69の通り，労働許可を取得する場合は，労働許可取得後，雇用期間の長さに応じて，台湾の在外公館（台北駐日経済文化代表処等）に対して，居留ビザ（労働許可の有効期間が6か月以上の場合）または停留ビザ（労働許可の有効期間が6か月未満の場合）を申請します。

申請者が到着ビザまたはビザ免除措置の方法をもって入境し，労働力発展署が発行する労働許可を取得した場合は，内政部移民署に外国人居留証を申請できるよう，外交部領事事務局に対して，在留期間の延長が可能な停留ビザへの切替を申請することができます。

その他，台湾駐在員については，その配偶者や子女等の入境に関して，以下のビザの取得を検討します。

(1) **外国籍配偶者及び20歳以下の未成年の子女の家族呼び寄せ居留ビザ**

外国籍配偶者及び20歳以下の未成年の子女が台湾外に在住し，かつ台湾への家族呼び寄せ規定（家族を呼び寄せる本人が内政部移民署が発行する外国人居留証を取得し，かつその有効期間が6か月以上ある）を満たす場合，台湾の在外公館に対して，直接呼び寄せ居留ビザの申請を提出します。

(2) **尊属親族訪問停留ビザ**

雇用され専門業務に従事する外国特定専門人材が内政部移民署により居留または永久居留の許可を受けた場合，その直系尊属（父母及び祖父母）は，外交部または在外公館に対して，有効期間1年，何度も入境可能で，在留期限6か月，及び在留期間の延長を認めない旨またはその他の制限の但し書きのない停留ビザの発給を申請することができます。出境することなく，台湾内の移民署に対して，在留期間の延長を申請することができます。毎回の合計在留期間は最長

1年です（外専法13条）。

(3) 求職ビザ

　外国専門人材が台湾において専門業務に従事することを望み長期にわたる求職を行わなければならない場合，在外公館に対して，有効期間3か月，何度も入境可能で，在留期間6か月の停留ビザの発給を申請することができます。合計在留期間は，最長6か月です。合計在留期間の満了日から3年間は，当該規定に基づく停留ビザの発給は申請できません（外専法19条）。

2　外国人居留証（ARC：Alien Residence Certificate）について

　外国人居留証とは，台湾における居住権の証明のことです。台湾に居留する場合には必ず取得が必要となります。

(1) 居留ビザを保有する外国人の場合

　居留ビザを保有して入境した場合，または台湾内で居留ビザへ切替えた場合，入境の翌日または居留ビザが発給された日から15日以内に，住所地の内政部移民署の各県市のサービスステーションに外国人居留証を申請しなければなりません。在留期限は，所持する外国人居留証に記載されている有効期限に基づきます。

(2) 停留ビザを保有して入境した外国人または外交部領事事務局に対して在留期間を延長できる停留ビザへの切替を申請した外国人の場合

　在留期間が60日以上，かつビザ発給機関による在留期間の延長を認めない旨またはその他の制限の但し書きのない有効なビザをもって入境した外国人について，以下のいずれかの状況に該当する場合は，内政部移民署に居留を申請することができ，許可された場合は，外国人居留証が発給されます（移民法23条）。

　　・配偶者が現在，台湾に居住し，かつ戸籍を有する若しくは居留許可を得ている台湾の国民である場合，または居留若しくは永久居留を許可された外国人である場合。但し，居留を許可された外国籍配偶者が労働力発展署により，台湾内において，就業服務法第46条第1項第8号から第10号の業務に従事する許可を受けた者（すわなち外国人労働者）であるときは，申請で

きない。

・20歳未満の外国人で，その直系尊属が現在，台湾に戸籍を有する若しくは居留許可を得ている台湾の国民である場合，または居留若しくは永久居留を許可された外国人である場合。その親族関係が養子縁組によって生じたものである場合は，養子は，養親と台湾にて同居しなければならない。

・労働力発展署の許可により，台湾において，就業服務法第46条第1項第1号から第7号または第11号の業務に従事する者（すなわち外国専門人材であり，かつ労働許可の期限が6か月以上）。

・台湾において一定金額以上の投資を行い，目的事業の中央主管機関による承認または届出審査を経た投資家または外国法人投資家の代表者。

・会社法に基づいて許認可された外国会社の台湾の責任者。

・外交的な考慮に基づいた，外交部のプロジェクトとして台湾における居留ビザへの切替の承認。

　外国人居留証の有効期間（移民法22，31条，外専法7条）は，許可を受けた日の翌日から起算して，最長で3年を超えないこととなっています。期間満了前に，在留を継続する必要がある場合（例えば労働許可の延長）には，在留期間満了前30日以内に，内政部移民署に対して在留期間の延長を申請する必要があります。

　なお，外国専門人材の雇用許可を保有する外国人については，その雇用許可期間は最長で5年です。期間満了後も雇用を継続する必要がある場合は，延長を申請することができ，1回につき最長5年となります。

3　在留事由の変更にあたって（移民法23条）

　外国人が，在留事由の変更がある場合，在留期間満了前30日以内に，内政部移民署に対して在留事由の変更を申請する必要があります。規定に従って在留事由を変更し，内政部移民署の許可を経て，外国人居留証が再交付され，その在留有効期間が確定されます。

4 住所地または勤務場所の変更（移民法31条）

外国人がその在留期間において，住所地または勤務場所に変更があった場合，事実の発生から15日以内に，内政部移民署に対して変更登記の手続きを申請する必要があります。

Q71 外国特定専門人材

外国特定専門人材の就労許可と租税優遇について教えてください。

Answer

2018年に「外國專業人才延攬及僱用法（以下，外專法）」が制定され，これまでの外国専門人材のほか，外国特定専門人材及び外国高度専門人材のカテゴリーが設けられました。外国高度専門人材は国際的表彰の受賞者など適用範囲が限られていますが，外国特定専門人材については，基本条件を満たすことでより大きな租税優遇があり，既に多くの外資企業の外国籍従業員に適用されています。

テクノロジー，経済，教育，文化・芸術，スポーツ，金融，法律，建築設計及び国防領域の各分野の特殊専門人材は，外国特定専門人材の就業許可の申請が可能となります。

例えば，「経済」分野での申請の場合，申請希望者が管理職等の職務を担当していることに加えて，過去または現在の台湾または台湾外における給与が月16万台湾ドルに達していれば，当局の審査を経る必要はありますが，基本的に申請が可能となっています。

● 外国特定専門人材の就労許可の取得によるメリット

外国特定専門人材にかかる就労許可を得ている場合，就労許可や居留証の有

効期限の延長（最長3年→5年），直系尊属の親族の訪台にかかる滞在ビザの有効期限の6か月から1年への延長等のメリットがあるほか，最も大きいメリットとしては，台湾において初めて183日以上居留し，かつ給与所得300万台湾ドルを超過した年度より3年内において，300万台湾ドルを超過した額の半額について課税減免という租税優遇が受けられる点にあります（具体的な租税優遇の計算例はQ78を参照）。

　租税優遇を受けるためには，申告を行う課税年度において以下の要件を満たす必要があります。
　　・外国特定専門人材に該当し，専用の就労許可＋外国人居留証，または就業
　　　ゴールドカード（Q72を参照）を取得していること
　　・業務のために初めて台湾に居留し，招聘前5年以内において台湾における
　　　税務居住者ではないこと
　　・台湾において一暦年内のうち183日以上居留し，かつ給与所得から給与特別
　　　控除額を減額後の金額が300万台湾ドルを超えること

● 　租税優遇を受けるにあたっての注意点
　駐在員の派遣にはあたっては招聘契約を準備することになり，そこには給与の金額も記載されることが一般的です。これを以て，外国特定専門人材の就労許可の申請資料の一つとしますが，他方で，租税優遇の適用にあたっては，給与所得300万台湾ドルが一つの条件となっており，該当する駐在員の個人所得税の申告時には所得証明を含めて申告資料の準備を行います。この際，日本等の台湾外の支給給与がある場合には，現地の税務署または会計士の所得証明等によってこれを証明することになります。評価賞与または各駐在手当の支給などもあって，招聘契約書の給与金額と実際の申告時の所得金額は異なることがほとんどです。
　昨今，当該外国特定専門人材の租税優遇を適用した税務申告に対する税務当局の審査において，この招聘時の給与金額と所得税申告書の給与金額の差異に

ついて質問がなされるケースが増えています。主には，当該差異が台湾におい
て特定専門人材として実施した業務や役務の対価であるかという点であり，合
理的な説明を行う必要があります。

　このため，会社が駐在員と雇用契約または出向契約を締結する際には，台湾
の業務期間内において台湾または母国から従業員に対して支給されるそれぞれ
の報酬の取り決めを契約書に明記しておくべきです（下記を参照）。国税局は，
契約書に記載されている給与項目及び金額について，会社が実際に申告した給
与所得と照合し，租税優遇の適用申請がされた給与所得が合理的か否かを確認
します。

　　・給与支給地及び金額

　　・賞与の支給方法

　　・関連する駐在手当（会社の駐在規定に応じて調整を実施）

　　　▶従業員及び家族の往復旅費

　　　▶帰国休暇中の旅費

　　　▶引越し費用，水道光熱費，ガス代，クリーニング代，通信費

　　　▶駐在先の住宅手配費用（家賃）

　　　▶駐在先の子供の教育手当

　　　▶税金手当

　会社が従業員と，駐在先（台湾）での個人所得税を会社が負担するものと約
定している場合，従業員のために支払った個人所得税を従業員の給与所得とし
て計上するためには，雇用契約などの関連証明書類にこれを明記する必要があ
ります。個人所得税を会社が負担する旨の約定がなかった場合，従業員のその
他所得に計上する必要があります。この場合，会社が従業員のために負担した
個人所得税（その他所得）は，租税優遇の免税計算の基礎として使用できず，会
社の法人所得税の計算上も費用として計上することができないという影響があ
るため注意が必要です。

Q72 就業ゴールドカード

就業ゴールドカードとは何ですか？

Answer

　2018年に「外國專業人才延攬及僱用法（以下，外専法）」が制定され，外国特定専門人材の就労許可のカテゴリーが設けられました。さらに，このカテゴリーの要件を満たす個人について，就業ゴールドカードの申請を行うことができます。

　就業ゴールドカードとは，外専法に基づき，就労許可証，居留ビザ，台湾居留証，台湾再入境許可証の4つの機能を具備した特別な身分で，さらに外国特定専門人材の租税優遇を享受することができます（外国特定専門人材カテゴリー及び租税優遇の詳細はQ71，78を参照）。

　就業ゴールドカードは，雇用主等からの申請が必要となる就労許可と異なり，各個人で申請を行い，許可を得て取得することができます。

　必要となる申請手続きは以下の通りです。申請準備から最終的な就業ゴールドカードの取得まで約60営業日が見込まれます。

① **外国特定専門人材による就業ゴールドカードのオンライン申請**

　申請者が外国専門人材申請受付プラットフォームより就業ゴールドカードの申請データを入力し，オンラインで提出及び費用の納付を行う。

② **移民署による予備審査**

　内政部移民署の予備審査担当者がデータの検証を行い，誤りがなければ，関連書類をシステム経由で労働力発展署に転送し審査を行う。

③ **労働許可（労動部による審査）**

　労動力発展署が申請者の労働許可について審査を行い，完了後審査に合格し

た場合は，外交部に送付される。

④　居留ビザの許可（外交部による審査）

外交部の審査担当者が申請者についてデータの審査を行い，合格後，再び移民署に戻される。

⑤　居留証及び再入境許可証の許可（移民署による再審査）

内政部移民署が外国人居留証及び再入境許可について審査を行い，合格後に，就業ゴールドカードを交付する。

Q73　個人所得税の概要

台湾の個人所得税の概要について教えてください。日本人駐在員や出張者はどのような場合に申告が必要ですか？　また，課税はどうなりますか？

Answer

まず，所得税法の8条において，台湾の源泉所得について定めがあります。台湾における源泉所得については，法に基づき総合所得税を納付するものとされ，外国人個人については，主に以下の所得が該当します。

①　個人が台湾内における労務提供により得た報酬。台湾内に居住していない個人で，1課税年度において台湾内に滞在した合計日数が90日を超える場合，台湾外の雇用主から取得した労務にかかる報酬もこれに当たる。

②　台湾の各政府機関，台湾内の法人及び台湾内に居住する個人が取得した利息。

③　台湾内にある財産で，賃貸借により取得した賃貸料。

④　台湾内における財産取引による利得。

⑤　台湾内で参加した各種競技，コンテスト，くじ等の賞金または給付。

⑥　台湾内で取得したその他の収益。

● 源泉徴収義務について

　台湾において，所得税は各納税義務者が申告し納付をすることが原則となっていますが，納税義務者に源泉徴収が必要な所得がある場合には，源泉徴収義務者（支払人）が支払を行う際，規定の源泉徴収税率または源泉徴収規則に従って税金の控除を行い，規定に従ってこれを納付しなければならないものとされます。

　源泉徴収が必要な所得には，事業者が労務提供者に支払う給与が含まれます。

● 源泉徴収税率と申告

　台湾源泉所得を有する個人は，その台湾内の源泉所得について，所得税法の規定に従い，総合所得税の課税を受けます。

　課税方法は，自国民または外国人が，同一の課税年度（1月1日から12月31日まで）において台湾に滞在した期間により，台湾内に居住しない個人（非居住者）と，台湾内に居住する個人（居住者）とに区分されます。

● 居住者と非居住者の区分

　非居住者について，台湾源泉所得がある場合，原則として，源泉徴収方式で納税することになります。但し，源泉徴収の範囲外の所得がある場合，規定の源泉徴収税率で納税の申告をします。

　居住者について，同一の課税年度内に台湾内で取得した各種所得がある場合，免税額及び控除額を差し引いて総合所得額の純額を算出し，累進税率で総合所

得税の納税申告を行います。

　両者についてまとめると以下の通りとなります。

| 台湾滞在日数／年 | 必要な対応 | | | 申告時の免税・控除 |
	対応	台湾国内払い／負担の所得	台湾国外払い／負担の所得	
90日以内	源泉徴収	給与：18％ その他：20％	不要（免税）	不適用
	確定申告	不要	不要（免税）	
91日〜182日	源泉徴収	給与：18％ その他：20％	不要	不適用
	確定申告	給与：18％ その他：20％	必要(注) 但し，租税協定による免税申請の可能性	
183日以上	源泉徴収	5％，または源泉徴収税率表による	不適用	適用
	確定申告	累進税率による課税 （5％-40％）	必要(注) 累進税率による課税 （5％-40％）	

注：滞在日数按分に基づいて課税所得が計算されるが，滞在日数が300日以上の場合は，日数による按分計算は適用されない。

Q74　日本人駐在員の税務申告

　日本人駐在員はどのような場合に申告が必要ですか？　また，台湾外の所得に対する課税はどうなりますか？

(1) 駐在員の給与所得の認定

駐在員が台湾内で労務を提供して得られた所得にかかる認定原則は，以下の通りです。

① 台湾内の雇用主が給付または負担する所得：全額が駐在員の台湾源泉所得であり，当該税務年度における身分（居住者または非居住者）に応じて個人所得税が課税される。

② 台湾外の雇用主が給付し負担する所得：台湾外の雇用主が支払って負担する所得については，駐在員が当該税務年度において台湾に滞在した日数により，以下の異なる認定方式が適用される。

　a. 滞在日数が90日を超えない場合：所得税法第8条第3号の規定により，駐在員が台湾外の雇用主から受け取った労務報酬は，台湾源泉所得の課税範囲外となる。

　b. 滞在日数が91日から299日の場合：駐在員が台湾外の雇用主から受け取った労務報酬は，その実際に滞在した日数に応じて，その課税所得を計算する。

　c. 滞在日数が満300日以上の場合：駐在員が台湾外の雇用主から受け取った労務報酬は，その全額を台湾における源泉所得とみなす。

(2) 個人総合所得税の負担元と納税方法，免税及び控除適用の可否

駐在員は，課税年度において台湾に満183日滞在したか否かにより居住者であるか非居住者であるかの判定がなされ適用される税率が決定されます。滞在日数が90日以上となるか否かにより，台湾外の雇用主から受け取った労務報酬が台湾源泉所得に含める必要があるか否かが判断されます。滞在日数の納税方法をまとめると以下の通りとなります。

身分	滞在日数	台湾内の雇用主が給付または負担する所得		台湾外の雇用主が給付及び負担する所得		免税額及び控除額
		納税方法	税率	納税方法	税率	
非居住者	90日以下	源泉徴収確定申告（注）	給与／退職所得：18%その他の所得：20%	非課税	適用なし	適用なし
	91日〜182日	源泉徴収＋確定申告（注）	給与／退職所得：18%その他の所得：20%	確定申告	18%	適用なし租税協定の適用についてはQ79参照。
居住者	183日以上	源泉徴収＋確定申告	源泉徴収：5%または源泉徴収税額表による申告：累進税率	確定申告	累進税率	適用あり

注：源泉徴収の範囲外の課税所得がある場合，規定の源泉徴収税率に応じて納税申告を行う。

　上記の表の通り，駐在員の1課税年度における台湾滞在日数が90日を超えない場合，台湾内の雇用主が給付または負担した所得については非居住者に適用される税率により既に源泉徴収が完了している場合で，かつ，当該駐在員が台湾を源泉とするいかなる源泉徴収範囲外の所得（例：従業員の新株引受権所得）も取得していなければ，当該駐在員は，当該年度の個人総合所得税を申告する必要はありません。

(3)　台湾外の所得証明書類

　駐在員が1課税年度に台湾に滞在した日数が90日を超える場合，国税局による審査のため，確定申告時に，台湾内の雇用主が給付した所得の源泉徴収票の提出が必要です。同時に，台湾外の雇用主が給付した所得に関連する証明書（下記の①，②のいずれか，該当する場合には③も添付）を提出しなければなりません。

① 現地の税務機関による認証を受けた文書（文例1）

② 現地の公認会計士または公証人による公証を受けた所得文書（文例2）。会計士の資格証明書の写しを添付する。

③ 台湾で雇用を受けた者は，台湾の雇用主から支払われた所得の他に台湾外の雇用主から労務報酬を受け取っていないことを証明するため，雇用契約及び前職の離職証明書を提出しなければならない。

文例1：現地の税務機関による認証を受けた文書

＿＿＿＿＿＿＿税務署長　殿

会社名：＿＿＿＿＿＿＿

所在地：＿＿＿＿＿＿＿

代表者：＿＿＿＿＿＿＿

給与所得確認書

＿＿＿＿＿＿に勤務中の下記のものに対して日本側（本社）から支給した所得が相違ないことを確認願います。

記

氏名　　　：＿＿＿＿＿＿＿＿＿＿＿＿＿＿＿＿＿

本籍　　　：＿＿＿＿＿＿＿＿＿＿＿＿＿＿＿＿＿

現住所　　：＿＿＿＿＿＿＿＿＿＿＿＿＿＿＿＿＿

生年月日：＿＿＿＿＿＿＿＿＿＿＿＿＿＿＿＿＿

期間　　　：＿＿＿＿＿＿＿＿＿＿＿＿＿＿＿＿＿

2023年1月1日～2023年12月31日

給与　　　　＿＿＿＿＿＿＿＿＿＿＿＿

賞与　　　　＿＿＿＿＿＿＿＿＿＿＿＿

海外手当て　＿＿＿＿＿＿＿＿＿＿＿＿

家族手当　　＿＿＿＿＿＿＿＿＿＿＿＿

その他　　　＿＿＿＿＿＿＿＿＿＿＿＿

年間支給合計　＿＿＿＿＿＿＿＿＿＿

上記の通り相違ないことを認めます。

　年　　月　　日

　　　　　　　　　　　＿＿＿＿＿＿＿税務署長　（署名）

文例2：現地の公認会計士または公証人による公証を受けた所得文書

　　会計士　　　　　　　　　殿

　　　　　　　　　　　　　　会社名：＿＿＿＿＿＿＿＿

　　　　　　　　　　　　　　所在地：＿＿＿＿＿＿＿＿

　　　　　　　　　　　　　　代表者：＿＿＿＿＿＿＿＿

給与所得確認書

＿＿＿＿＿＿に勤務中の下記のものに対して日本側（本社）から支給した所得が相違ないことを確認願います。

　　　　　　　　　　　記

　氏名　　：＿＿＿＿＿＿＿＿＿＿＿＿＿＿＿＿＿＿＿

本籍　　：＿＿＿＿＿＿＿＿＿＿＿＿＿＿＿＿

現住所　：＿＿＿＿＿＿＿＿＿＿＿＿＿＿＿＿

生年月日：＿＿＿＿＿＿＿＿＿＿＿＿＿＿＿＿

期間　　：＿＿＿＿＿＿＿＿＿＿＿＿＿＿＿＿

2023年1月1日～2023年12月31日

給与　　　＿＿＿＿＿＿＿＿＿＿＿

賞与　　　＿＿＿＿＿＿＿＿＿＿＿

海外手当て＿＿＿＿＿＿＿＿＿＿＿

家族手当　＿＿＿＿＿＿＿＿＿＿＿

その他＿＿＿＿＿＿＿＿＿＿＿

年間支給合計　＿＿＿＿＿＿＿＿＿

上記の通り相違ないことを認めます。

　年　月　日

＿＿＿＿＿＿＿会計士　（署名）

Q75　駐在員の手当と専門人材の租税優遇

駐在員の手当と租税優遇について，教えてください。

Answer

　通常，駐在員は，台湾に派遣されている期間において，給与，ボーナス等の現金による報酬以外にも，現金以外で支給される各種の海外派遣に関する福利厚生を享受する場合があります。これらの駐在員が享受する福利厚生は，財政

部が公布する解釈通知令により免税項目とみなされる場合を除き，原則として，すべて当該駐在員の課税所得とみなされます。

　現在，一般的によく見られる駐在員の海外派遣福利厚生制度に対して課税されるか否かは，その駐在員が外国人専門家としての資格を満たすか否かによって異なります。

● 外国人専門人材による就労許可を取得している場合

　2010年3月12日台財税字第09804119810号「外国人専門家租税優遇措置の適用範囲」によると，「外国人専門家」とは，外国人が就業服務法第46条第1項第1号及び第2号に基づいて台湾で就労許可証を取得し，同時に，同一課税年度において台湾に満183日以上滞在し，かつ，その年度において台湾内外の雇用主から取得した課税給与が120万台湾ドル以上となる者をいいます。なお，当該外国人は，台湾の国籍及びその他の国の国籍を有する二重国籍者は含まれません。

各福利厚生（フリンジベネフィット）に対する課税対象の有無

（T–Taxable課税対象所得／NT–Non-taxable非課税所得）

現金給付以外の 海外派遣福利厚生制度	外国人専門家の定義に該当しない一般の外国人	外国人専門家の定義に該当する外国人専門家
往復旅費―本人	NT	NT
往復旅費―家族	NT	NT
一次帰国休暇の旅費―本人	NT	NT
一次帰国休暇の旅費―家族	T	T
引越費用	T	NT
水道光熱費，清掃費用，電話代	T	NT
消耗品	T	T
耐久性を有する家具	NT	NT
住居の賃料，賃借物の修繕費	NT	NT

車両リース	T	NT
子女の奨学金	NT	NT
子女の教育費	T	T

● **外国特定専門人材の税制優遇措置（外国専門人材招聘雇用法9条）**

　2018年から，専門的な業務に携わり，かつ一定の条件を満たす外国特定専門人材については，さらなる優遇税制が定められています（Q71，72参照）。外国特定専門人材及び就業ゴールドカードの保持者については，前述の外国人専門人材による就労許可を取得する場合の手当にかかる租税優遇も享受することができます。

Column　台湾の交通事情

　台湾は，都市部を中心に交通のインフラが整備されており，車やスクーター・バイクが多く走ります。特にスクーターの量には驚かれる人も多いことでしょう。

　公共交通機関としては，電車（MRT），バス，新幹線（高鐵：ガオティエ）があり，日本とあまり変わらない感覚で移動ができます。

　新幹線は時刻表にて管理がされており，電車やバスは停車場所の掲示板やアプリで，後何分で来るかわかるようになっています。

　タクシーも多く，日本に比べてかなり安い料金で移動手段として一般的です。Uberなどの各種配車アプリも多く利用されています。

　交通インフラはとても便利ですが，歩道にスクーターが乗り上げてきたり，バスやタクシーの運転が荒いことがあったり，青信号の横断歩道の歩行中に，すれすれを走行する車やバイクもいますので，安全面では気をつけなければならないことがあります。

Q76　個人のミニマムタックス

個人にかかる代替ミニマムタックス制度について教えてください。

Answer

個人についても，一定の状況の場合，ミニマムタックス制度が適用されます。代替ミニマムタックス制度の概要は，Q63を参照ください。

ミニマムタックス制度とは，通常の所得税額に対して，ミニマムタックス制度にて計算される税額が大きい場合はその税額を納付することを定めたものです。

一部の世帯を除き，原則として，総合所得税を申告すべき個人はすべて申告義務を負います。

「所得基本税額条例」によると，当該ミニマムタックスの税負担の基礎を「基本所得額」，納付すべき最低税額は「基本税額」と呼びます。

個人の基本所得額には，総合所得税の申告時における総合所得の純額（中国大陸地域の所得を含む）のほか，分離課税を選択した配当及び利益の合計金額，海外所得（海外給与所得，海外労務所得，海外利息所得，海外会社からの配当，投資性金融商品（例：ファンド，TDR及びETF等）の資本利得及び配当等），未公開発行株式の取引所得等が含まれます。

個人の基本税額は，総合所得の純額にその他加算を要する所得を加え，670万台湾ドル^(※)の控除額を控除した額に，20％の税率を乗じて計算されます。その上で，最終的には一般所得税額と比較の上でいずれか大きい方を納税することになります。一般所得税額を納付する場合，再度基本税額を納付する必要はありません。

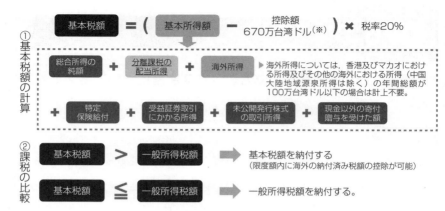

①基本税額の計算

基本税額 ＝ (基本所得額 － 控除額 670万台湾ドル(※)) ✕ 税率20%

総合所得の純額 ＋ 分離課税の配当所得 ＋ 海外所得 ▶ 海外所得については、香港及びマカオにおける所得及びその他の海外における所得（中国大陸地域源泉所得は除く）の年間総額が100万台湾ドル以下の場合は計上不要。

＋ 特定保険給付 ＋ 受益証券取引にかかる所得 ＋ 未公開発行株式の取引所得 ＋ 現金以外の寄付贈与を受けた額

②課税の比較

基本税額 ＞ 一般所得税額 ➡ 基本税額を納付する（限度額内に海外の納付済み税額の控除が可能）

基本税額 ≦ 一般所得税額 ➡ 一般所得税額を納付する。

※2024年度より、基本税額の控除額は750万台湾ドルに調整される予定。

Q77 個人所得税の申告計算方法

台湾の個人所得税の申告計算方法について教えてください。

Answer

所得税の申告計算方法の概要は以下の通りです。

---

① 所得の計算

総合所得総額 － 免税額 － 控除額 － 基本生活費の差額 ＝ 総合所得の純額

② 課税総額の計算

総合所得の純額 × 税率 － 累進差額 ＝ 課税額

③ 最終的な申告納税額

課税額 － 源泉徴収税額 ＝ 総合所得税確定申告における納付税額

● 総合所得総額について

　個人が1課税年度（1月1日から同年12月31日まで）において取得した各種所得の合計額が，総合所得総額となります。所得の範囲は主にQ73の通りです。

　上記で計算した個人総合所得総額から，以下の免税額及び控除額を差し引いた後の残額が，個人の総合所得の純額となります。以下に掲げる金額は，2024年に実施される所得税申告（2023年度分）に適用されたものです（2021年11月24日財政部台財税字第11004658020号公告）。

(1) 免 税 額
　・納税義務者本人　　　　　92,000台湾ドル／年
　・配偶者　　　　　　　　　92,000台湾ドル／年
　・扶養親族　　　　　　　　92,000台湾ドル／年

　さらに，満70歳以上の納税義務者本人，配偶者及び扶養を受ける直系尊属親族は，1人につき毎年138,000台湾ドルを控除できる。

　扶養親族は，納税義務者及びその配偶者の直系尊属親族で，満60歳以上であるか就労能力がなく，納税義務者による扶養を受けている者，納税義務者の子女や納税義務者及びその配偶者の兄弟姉妹にて，未成年の者，または成年であるが学校への就学，障害のためまたは就労能力がないため，納税義務者による扶養を受けている者などが該当します。配偶者または被扶養親族は，認定を受ける根拠として，戸籍資料等の証明資料が必要となります。

(2) 控 除 額
　① 一般控除額（下記AまたはBのいずれかを選択してこれを差し引く）

　　A. 標準控除額
　　　　納税義務者個人が申告する場合，124,000台湾ドルを控除できる。配偶者と併せて申告する場合，248,000台湾ドルを控除できる。

　　B. 列挙控除額
　　　　納税義務者が標準控除額を採用しない場合，特定の寄付，保険料，医

療費及び出産費，または災害損失等の項目は，選択して控除することができます。この控除を行う場合，申告時には，それぞれの証明として領収書の正本を添付する必要があります。

② 特別控除額

このほか，該当する場合には以下の特別控除を行うことができます。

A. 給与所得特別控除：給与所得者の控除額です。給与受領者１人につき，毎年定額で207,000台湾ドルの定額控除，または特定費用控除のいずれか納税者に有利な方が適用されます。特定費用控除には，職業専用被服費，研修訓練費，職業用具支出等があり，関係する証明書類を添付し控除を行います。なお，特定費用控除は当該職業への従事にかかる給与収入総額の３％がその限度とされます。

B. 財産取引損失にかかる特別控除：納税義務者，配偶者または扶養を受ける直系親族（申告したもの）の財産取引の損失が，当該年度に申告する財産取引所得と相殺可能である場合に控除ができます。申告時には，租税徴収機関が発行する財産取引損失証明書またはこれに関係する損失を証明する証書を添付しなければなりません。

C. 貯蓄投資特別控除：納税義務者，配偶者または被扶養親族（申告したもの）の金融機関における預金の利息，貯蓄としての性質を有する信託資金による収益や記名株式にかかる配当金等について，年間合計270,000台湾ドルを限度として控除することができます

D. 障害者特別控除：納税義務者，配偶者または扶養を受ける直系親族（申告したもの）が，障害者手帳または障害証明書の交付を受けているか，または精神衛生法第３条第４号に定める者（専門医による重大な精神疾患罹患診断書の写しの添付が必要）である場合，１人につき毎年207,000台湾ドルを控除できます。

E. 教育費・学費特別控除：納税義務者から扶養を受ける子女（申告したもの）が教育部の認可する大学または専科学校以上の学校で修学する場合

の学費について，毎年１人当たり25,000台湾ドルを限度と控除すること
ができます。申告においては，学費の領収書の写しまたは証明書の添付
が必要です。

F. 就学前児童特別控除：2012年１月１日から，納税義務者が扶養する５
歳以下の子女（申告したもの）について，１人につき毎年120,000台湾ドル
を控除できます。

G. 長期介護特別控除：納税義務者，配偶者または扶養を受ける親族が中
央衛生福利主管機関の公告による長期介護を要する要介護者であるとき
は，１人につき毎年120,000台湾ドルを控除できます。

※但し，以下のいずれかの状況にある場合，上記の就学前児童特別控除及
び長期介護特別控除は適用されません。

　　a. 本特別控除額を差し引いた後，納税義務者の年間総合所得税の適用
税率が20％以上であるか，または所得税法第15条の規定に基づいて本
人または配偶者の所得を個別に計算した場合の税額の適用税率が20％
以上である場合。

　　b. 納税義務者が，その申告世帯における配当及び利益の所得について
28％の税率で個別に計算することを選択した場合の課税額。

　　c. 納税義務者が所得基本税額条例第12条の規定に従って計算した基本
所得額が，同条例に定める控除金額の670万台湾ドルを超える場合（基
本所得額についてはQ76参照）。

(3) **基本生活費**（納税者権利保護法４条及び納税者権利保護法施行細則３条）

　2017年12月28日から施行された納税者権利保護法に基づき，納税義務者が自
己及び被扶養親族が人間として尊厳ある基本的な生活を享受し，これを維持す
るのに必要な費用については，これに課税されることはないとされています。
財政部は，毎年度末前に，当該年度における１人当たりの基本生活費の金額を
公告しています。2023年度（2024年の申告）は，１人当たり202,000台湾ドルが基
本生活費となっています。

基本生活費に係る控除可能金額の計算は以下の通りです。

基本生活費	比較基礎	
財政部により毎年度公告される金額×納税義務者，配偶者または被扶養親族（申告したもの）の人数	免税額	基本生活費が，比較基礎の合計金額を超えた部分は，「基本生活費差額」として，申告した総合所得額から控除することができる。
	一般控除額	
	貯蓄投資特別控除額	
	教育費・学費特別控除額	
	就学前児童特別控除額	
	障害者特別控除額	
	長期介護特別控除額	

● 2023年度における個人総合所得税の税率

Q73の表の通り，1暦年のうち183日以上台湾に滞在する場合，その税額の計算にあたっては，所得純額に応じた累進税率が適用されます。総合所得の純額は「所得総額－免税額－控除額」にて計算され，該当する税率を乗じた金額から累進差額を差し引き，個人所得税総額が計算されます。2022年度に適用される税率及び累進差額は以下の通りです。

総合所得の純額		税率		累進差額
560,000台湾ドル以下	×	5%	－	0
560,001〜1,260,000台湾ドル	×	12%	－	39,200
1,260,001〜2,520,000台湾ドル	×	20%	－	140,000
2,520,001〜4,720,000台湾ドル	×	30%	－	392,000
4,720,001台湾ドル以上	×	40%	－	864,000

● 納税方法及び期限

外国人が申告期間内に確定申告手続きを行い，自ら納付すべき税額がある場合，電子申告ソフトウェア等を利用し，申告期間内（翌年度の5月1日から5月31日まで）に，納付しなければならないものとされます。申告対象者は必ず申

告手続きが必要です。台湾には，日本の年末調整のような制度はありません。

● 2024年度（2025年５月申告）における個人所得税の控除額・税率の改正

2023年12月１日財政部台財税字第11204686850号にて，2024年度の個人所得税の計算に免税額，各控除額，及び適用される税率の所得順額の範囲が変更されました。2023年度及び2024年度以降の改正の比較は以下の通りです。

項目		2023年度 （2024年５月の申告）	2024年度 （2025年５月の申告）
免税額	一般	92,000	97,000
	70歳以上	138,000	145,500
標準控除額	単身	124,000	131,000
	配偶者あり	248,000	262,000
給与所得特別控除額		207,000	218,000
障害者特別控除額		207,000	218,000
適用される税率にかかる所得純額範囲	5％	0〜560,000	0〜590,000
	12%	560,001〜1,260,000	590,001〜1,330,000
	20%	1,260,001〜2,520,000	1,330,001〜2,660,000
	30%	2,520,001〜4,720,000	2,660,001〜4,980,000
	40%	4,720,001〜	4,980,001〜

Q78　個人所得税計算の具体例

非居住者及び外国特定専門人材の租税優遇享受者の個人所得税の計算について，具体例を教えてください。

例1：（非居住者の場合）

　A氏の2023年1月から12月までの期間の台湾での滞在日数の合計は150日で，2023年度に台湾内の雇用主から受け取った労務報酬は1,000,000台湾ドルであった。また，法に基づいて18％（非居住者に対する源泉徴収税率）の所得税の源泉徴収がなされ，その合計額は180,000台湾ドルであった。A氏は2023年に日本の雇用主からも3,300,000円（日本円）を受け取っており，かつ，その給与原価は台湾企業に請求されていない。A氏の2023年度における課税額の計算方法は以下の通りである。

台湾の雇用主から取得した給与所得	1,000,000
日本の雇用主から取得した給与所得 3,300,000円×0.2715（注）×150/365	368,198
台湾内源泉所得の合計額	1,368,198
×　適用税率	18%
課税額	246,275
−　源泉徴収税額	(180,000)
確定申告での課税金額	66,275

注：1円＝0.2715台湾ドルと仮定

例2：（外国特定専門人材の税制優遇措置）

　C氏は外国特定専門人材の資格を満たしている。税制優遇措置が適用される年度において，台湾で専門家としての業務に携わったことによる給与所得は800万台湾ドルであり，海外所得は200万台湾ドルであった（配偶者も扶養親族もなく，標準控除を採用する）。その税の減免を受ける所得金額の計算方法は以下の通りである。

	税制の優遇を受けない場合	税制の優遇を受ける場合
給与所得	8,000,000	8,000,000
−課税免除となる給与所得(注)	0	(2,396,500)
−免税額	(92,000)	(92,000)
−標準控除額	(124,000)	(124,000)
−給与特別控除額	(207,000)	(207,000)
総合所得の純額	7,577,000	5,180,500
適用税率	40%	40%
−累進差額	(864,000)	(864,000)
課税額	2,166,800	1,208,200

注：外国特定専門人材は，給与所得から給与特別控除額を減額後の金額が300万台湾ド
ルを超過した額の半額が課税減免となるため，課税免除となる給与所得金額は，
(8,000,000−207,000−3,000,000) 台湾ドル×50％＝2,396,500台湾ドルとなる。

海外所得200万台湾ドル：個人基本所得額の計算におけるミニマムタックス
制度（Q76参照）における基本税額への計上は免除される。

Q79 個人所得税に対する租税協定の適用

個人所得税について，日台租税協定の適用について教えてく
ださい。

Answer

日台租税協定は2016年6月13日に発効し，台湾では2017年1月1日から，日
本では2017年4月1日から適用されています。

日台租税協定のうち，第15条では，日本人従業員が台湾で労務を提供し，同
時に以下の各号の規定を満たす場合，日本の雇用主から取得した給与所得につ
いて，その課税権は日本に帰属し，台湾は当該労務報酬の課税を免除すること

が規定されています。

① 当該従業員が，日本における税法上の居住者である場合。

② 当該従業員が，関係する年度において開始または終了したいずれかの12か月の期間において，台湾に継続して滞在した期間，または滞在期間の合計が183日を超えない場合。

③ 免税適用申請を行う労務報酬が，台湾の居住者である雇用主から給付されたものでない場合。

④ 免税適用申請を行う労務報酬が，当該雇用主の台湾における常設機関または固定の場所により負担されたものでない場合。

　従業員が上記の所得免除要件を満たし，確定申告を行う必要がある場合で，申告時に，日本の税務機関が発行した居住者証明，旅券，雇用契約またはその他関係する証明書と共に，所得の給付者，給付金額及び当該報酬が雇用主の台湾内における常設機関または固定の場所により負担されたものでないこと等の資料を提出した場合，税務当局は所得について所得税の免除について審査を行い，承認を行います。

　法人に適用される日台租税協定の概要はQ49，50を参考。

Q80　労働基準法

台湾の労働基準法について教えてください。

Answer

　労働基準法（以下，「労基法」とします）は，会社と従業員の間の規範となる基本的な法律根拠であり，労働者の賃金（時間外労働賃金の計算を含む），労働時間の制限，休日数，労働災害の補償及び解雇事由のすべてについて，詳細な規定を設けています。

会社が従業員に対して労基法に違反する要求を行う場合は，法律において無効となり労働者を適切に管理できないばかりでなく，労働局による過料処分，並びに会社及び代表者の名称の公表という重大な結果を受けなければなりません。労基法は，台湾の全業種に適用されます。人事管理及び人事コスト管理を適切に行い，予期せぬ労使紛争及び会社に対する影響の発生を避けるため，会社が台湾において労働者を雇用する場合，労基法の規定及び制限を十分に把握する必要があります。

労基法は全12章で構成され，各章は次の通りとなっています。

第1章　総則
第2章　労働契約
第3章　賃金
第4章　労働時間，休憩，休暇
第5章　児童労働，女性労働
第6章　定年退職
第7章　労働災害補償
第8章　実習生
第9章　就業規則
第10章　監督及び検査
第11章　罰則
第12章　附則

Q81　賃金及び勤務時間

労働基準法に定められる賃金，及び勤務時間について教えてください。

1 賃金の基本規定

労働者が毎月受領できる賃金は，労使双方の協議によるが，労基法第21条は，労働者の賃金に対して最低保障を設けており，国が承認する最低賃金を下回ってはならないものとされています。公布されている承認基準によると，2023年1月1日以降の月給制の最低賃金額は毎月26,400台湾ドル，時給制の最低賃金額は，毎時176台湾ドルとなっています。また，2023年9月14日に公布された2024年1月1日以降の月給制の最低賃金額は毎月27,470台湾ドル，時給制の最低賃金額は，毎時183台湾ドルとなっています。

また，会社が通常の業務時間以外に労働者に勤務時間の延長（一般に言う「残業」）を要求する場合，会社は別途，時間外労働手当を追加支給する必要があります。その計算基準は次の通りです。

対象	時間外労働手当，残業代の計算
正常な状況下での時間外労働	最初の2時間については，平日の毎時の約定賃金額にその3分の1を追加して支給し，2時間を超える部分については，平日の毎時の約定賃金額にその3分の2を追加して支給する
天災，事変または突発的な事象に対応するための時間外労働	平日の毎時の約定賃金額と同額を追加して支給する
国の定める休日及び特別休暇を取り消しての時間外労働	8時間以内の部分については，その労働時間に関係なく，1日分の賃金を追加して支給し，8時間を超える部分については，上述の「正常な状況下での時間外労働」の方法に基づいて追加して支給を行う

2 労働時間の基本規定

(1) 労働時間

労基法は，労働者を保護するため，毎日，毎週，毎月の所定労働時間及び時間外労働時間について上限を定めており，労働時間が制限を上回ったときは，

違法となり，高額の過料が科されます。

　労基法第30条及び第32条に基づき，労働者の毎日の所定労働時間は，8時間を上回ってはならないものとされます。また，8時間を超えて延長する必要がある場合も，一回当たり最大4時間までしか延長することができません。つまり，労働者の1日の労働時間の上限は12時間です。

　週をもって単位とする場合，毎週の所定労働時間は40時間です。

　時間外労働も認められていますが，天災，事変または突発的な状況等の例外的な状況に遭遇した場合を除き，時間外労働は4時間を限度とし，毎月の時間外労働の合計は54時間を上回ってはならず，かつ連続する3か月においては138時間を超えてはならないものとされています。

　労基法は，以上の労働時間の規定の確実な履行を確保するため，会社が労働者の出勤記録を備え置き，労働者の出勤状況を日次に分単位で記録することを求めています。

(2)　完全週休2日制（中文「一例一休」）

　労働者の健康を守り，労働者が十分な休息を得られるようにするため，労基法は，会社が7日ごとに2日間，労働者の休日を設けることを強制しており，そのうち1日を「公休日」，1日を「休息日」と定めています。「公休日」は，法律の厳格な保障を受け，労働者を就労させることはできません。一方，「休息日」については，時間外労働の必要な場合で，労働者が同意し，かつ会社が時間外労働手当を支給する条件の下で，合法的に就労させることができます。

(3)　フレックスタイム制度

　労基法は，もちろん労働時間に対して各種制限を設けていますが，フレックスタイム制度もあり，産業別に関連するフレックスタイム制度を適用することができます。いわゆる「フレックスタイム」とは，労基法が会社に2週間，4週間または8週間を単位とし，毎日2時間までを限度に所定労働時間を増やして毎日の労働時間を按分し直すことを認めることを指します。

＜２週間のフレックスタイムの適用を例にした場合＞

　会社は，２週間の合計80時間の所定労働時間を，２週間内に所定労働時間が10時間の日を８日とし，これにより出勤しない休日を６日と設定することができます。会社にとっての利点は，１日の所定労働時間について，８時間から10時間に延長することにより，２時間の時間外労働手当を節約でき，労働者の休日も，２週間で４日から６日に増やすことができる点です。

　４週間及び８週間のフレックスタイムにおいても類似の効果があり，会社の必要に応じて，法令に合致する前提の下で実施することができます。

　しかし，いずれの場合も，実施及び計画する勤務時間表が適法となるよう，あらかじめ弁護士に相談して確認しておくことを勧めます。

Q82　法定休日と有給休暇

　労働基準法に定められる休日や法定有給休暇について教えてください。

Answer

　労働基準法上の休日には，Q81の一例一休のほか，法定の年次有給休暇，及び以下の休暇が定められています。

(1)　労働者は７日ごとに２日の休日（一例一休）が得られるほか，特別な伝統的祝日，国定休日または記念日も休日となります。労働者が休日とすべき日は2022年，2023年共に12日あります（P133【コラム：台湾の暦と休日】参照）。

(2)　年次有給休暇

　労働者は，同一の会社において一定期間以上勤続したときは，勤続年数に応じて相応の休暇日数を取得でき，かつ会社は，所定の給与を支払わなければならないものとされています。年次有給休暇の規定は以下の通りです。

勤続年数（単位：年）	休暇日数（単位：日）
0.5	3
1〜2	7
2〜3	10
3〜5	14
5〜10	15
10	16
11	16＋1 （1年増えるごとに1日ずつ最大30日となるまで追加）

（3）　休暇申請

　　労働者は，結婚，忌引，病気，出産またはその他正当な事由のあるときは，会社に対して休暇を申請できます。詳細な規定は以下の通りです。

休暇別	休暇日数	休暇申請事由	賃金支給の要否
結婚休暇	8日	労働者本人の結婚	賃金を支給する
忌引休暇	8日	（養・義）父母または配偶者の死亡	賃金を支給する
	6日	祖父母，子女または配偶者の（養・義）父母の死亡	
	3日	曾祖父母，兄弟姉妹，配偶者の祖父母の死亡	
普通傷病休暇	1年間の合計は30日まで	入院を伴わないとき	1年間の合計が30日を上回らない部分については賃金の半額を支給し，労働者保険の普通傷病給付が賃金の半額に満たないときは雇用主がこれを補填する
	2年間の合計は1年まで	入院を伴うとき	
	2年間の合計は1年まで	入院を伴わない傷病休暇及び入院を伴う傷病休暇が共にあるとき	

生理休暇	毎月（1日から末日まで）1日（1回）	女性の被雇用者が生理日のために就労が困難であるとき（関連する証明書類の提出は不要）	1年間の休暇取得日数が3日を上回らない部分については病気休暇とは合算せず，残りの日数については病気休暇と合算する。合算してもしなくても生理休暇には賃金を半額支給する
労災休暇	治療または休養期間において実際に必要認められる休暇を与える	労働者が労働災害によって障害，負傷または疾病に至ったとき	元々受け取っていた賃金を補償（免税所得）
私用休暇	1年間の合計は14日を上回ってはならない	労働者が事情により自ら処理しなければならないとき	賃金は支給しない
看護・介護休暇	休暇取得日は私用休暇に組み入れ，1年間に7日を限度とする	家族の予防接種，重大な疾病またはその他重大な事故の発生のために看護・介護が必要なとき	賃金は支給しない
公用休暇	実際の必要に応じて休暇を与える	労働者が出張，視察，研修，徴兵及びその他の発令を受けたとき	賃金を支給する
出産休暇	8週間	女性従業員の出産（妊娠20週以上での出産）	賃金を支給する。勤続6か月未満の場合は賃金の半額を支給する（月給制の従業員は，直近1か月の賃金を30で除した額と平均賃金のいずれか高い額）
	4週間	妊娠3か月以上で流産したとき（妊娠12週以上20週未満で流産したとき）	
	1週間	妊娠2か月以上3か月未満で流産したとき	労働者が出産休暇を選択したときは賃金を支給せず，普通傷病休暇，私用休暇または年次有給休暇を選択したときは関連規定に従って処理する
	5日	妊娠2か月未満で流産したとき	
妊婦健診休暇	5日	女性従業員の妊娠期間中	賃金を支給する

配偶者出産休暇	5日	男性従業員の配偶者の出産	賃金を支給する
育児休業	子女1名につき申請期間は少なくとも6か月間，最長2年同時に2名以上の子女の育児を行うときは，その育児休業期間は合算するものとし，最も幼い子女に対する育児休業期間2年を限度とする	労働者が在職6か月以上のとき 3歳未満の子女の育児	賃金を支給しない

Q83　解雇事由

従業員の解雇事由について教えてください。

Answer

　まず，労働契約の終了にあたっては，法的な理由を具備している必要があります。つまり，会社が労働者に対して任意に労働契約を終了させられず，会社が随意に労働者に離職を迫ることもできません。特に誤解が多い点では，会社が解雇手当を負担しさえすれば，すぐにでも合法的に労働者との労働契約を終了し，人的管理の成果を達成できるという点です。

　労働者との間の労働契約を終了させるには，労基法第11条（一般にいう「整理解雇」）及び第12条（一般に言う「懲戒解雇」）の法定事由の具備が必要であり，さらに，法に従った事前の予告及び解雇手当の支給を行う必要があるだけでなく，裁判所の判例等も踏まえて対応をする必要があります。整理解雇事由と懲戒解雇事由の概要は以下の通りです。

1 整理解雇事由

(1) 会社の状況が悪化した場合の整理解雇事由 (労基法11条1号~4号)

労基法は，労使双方の労働契約について，労働者が働き続けることができることを保障するために不定期契約を原則とし，会社に以下の第11条第1号から第4号の状況があってはじめて会社が労働契約を終了し，従業員を整理解雇できるとしています。

具体的には以下の状況にあてはまる場合が該当します。

① 廃業または譲渡する場合

② 財務上，欠損がある場合，または業務を縮小する場合

③ 不可抗力によって業務を1か月以上停止する場合

④ 業務の性質が変化して労働者の必要性が低下し，かつ配置可能な適当な業務がない場合

なお，このような終了原因は，主に会社の経営を考慮してなされるものであり，労働者の業務上の過失または責任を負うべき事由を前提としていないため，会社は解雇手当を支給する義務があります。

(2) 労働者の適格性による整理解雇事由 (労基法第11条第5号)

労基法第11条第5号は，「労働者が担当する業務に適格でないことが確かである場合」をもって，会社が労働契約を終了させる法定事由としています。但し，労働者が「適格でないことが確かである」点については，最も争点となりやすく裁判となるケースも多く注意が必要です。昨今の裁判例では，労働者を保護する傾向にあり，例えば，会社が整理解雇を決定する前に労働者に改善の機会を与えていたか，さらに会社は既にほかに選択肢がなく解雇がやむを得ない状況であったかどうかが争点となります。また，労働者の生計を考慮し，会社は解雇手当を支給する義務もあります。

2 懲戒解雇事由 (労基法第12条)

労基法第12条は，会社による労働者の懲戒解雇事由を規定しています。

① 労働契約締結時に欺瞞行為（学歴・職歴の詐称等）があった場合

② 会社の同僚を暴行した場合

③ 裁判所から懲役刑の確定宣告を受けて収監された場合

④ 労働契約または就業規則に違反し，状況が重大である場合

⑤ 機器，工具，原料，製品若しくはその他の雇用主の所有物を故意に損耗させた，または雇用主の技術上若しくは営業上の秘密を故意に漏えいさせて雇用主に損害を与えた場合

⑥ 正当な理由がなく連続して3日間無断欠勤をした，または1か月のうち6日間無断欠勤した場合

このような事由にあたる場合，いずれも会社が労働者によって会社の利益を害する事由を発見した状況に属すため，会社は，直ちに労働者を解雇できるだけでなく，解雇手当を支給する必要もないものとされています。但し，上記，「④労働契約または就業規則に違反し，状況が重大である場合」には，会社は証拠及び記録の保存を行わなければなりません。もし，証拠及び記録がない場合，労働者が会社の認定を不服として裁判所に訴訟を提起して紛争が生じる可能性があります。

Q84 異動命令

従業員の異動命令にあたっても労働基準法に留意する必要があるのは本当ですか。

Answer

会社は，企業経営上の必要性及び労働者の現職務に対する適合性を考慮して，しばしば労働者の業務を異動させる必要がある場合が想定されます。異動には，例えば，生産職から販売職への異動，財務業務から人事業務への転換，月曜日から金曜日に出勤する固定勤務制から不定期出勤の交替勤務制への変更，また

は就労地の変更が含まれます。

　労基法第10条の１に基づき，労働者を異動させる場合，以下の「五原則」を遵守しなければなりません。

① 企業経営の必要性によるものであり，不当な動機及び目的でないこと
② 賃金またはその他の労働条件を，不利に変更するものでないこと
③ 異動後の新たな業務が労働者の身体能力及び技術能力にかなったものであること
④ 異動地が過度に遠い場合は，会社が必要なサポートを与えなければならないこと
⑤ 労働者及びその家庭の生活上の利益を考慮していること

　会社が異動五原則に違反する場合，労働者は，会社に元の職務への復帰の要求，または会社に労働契約の終了及び解雇手当の請求の主張ができるものとされています。労働者の異動にあたっても労使紛争を避けるため，慎重かつ注意して労働者の異動の評価手順及び記録を行う必要があります。

Q85　競業避止義務

　従業員の離職後の競業禁止義務を定めたいのですが，法律上遵守すべき事項を教えてください。

Answer

　一部の労働者は，在職期間に会社の重要な営業機密を掌握し，会社の生産工程の配分方法，原料の調合，ノウハウ，技術または販売チャネル，コスト管理等の重要な情報を知ることができるため，会社は，このような労働者が離職後に競合相手へ転職することを制限する必要があります。

　労基法第９条の１は，会社の合法的利益を保障するために，会社が労働者に

対して離職後に他社へ転職して競業行為に従事しないよう要求することを認めており，台湾では「退職後競業避止義務」条項と言われています。

但し，労基法は，この会社の要求が次の法令の規定をすべて満たして初めて合法となるものとしています。

① 会社に正当な営業上の利益があること

② 労働者に在職時に営業機密への接触または使用の機会が確実にあったこと

③ 競業禁止期間は2年を上回ることができず，就労を禁止できる対象は，元の会社の競業者に限る

④ 禁止期間中は，合理的で正当な補償を与えなければならず，金額は，離職前の月給の50%を下回ってはならないこと

もし，これらの規定のすべてを満たしていない場合，当該約定は，法的効力を有せず，離職後の労働者が競合相手に就職することを阻止できないものとされています。

Q86 職場における平等

職場における平等に関して，遵守すべき法令について教えてください。

Answer

職場における平等などの確保にあたっては，主に以下の3つの法令が制定されており，それぞれ遵守する必要があります。

1 就業服務法

いわゆる「就業サービス」とは，国民の就労及び雇用主の従業員募集を支援するために提供されるサービスのことをいいます。就業服務法がカバーする主

な規定内容は，国民の職業選択，及び受けられる雇用サービスに関する規定，雇用主による従業員の募集または雇用に関する規範，中央政府及び地方公共主管機関の職掌事項，政府及び民間による就業サービス機関の設置，雇用促進の措置，外国人の雇用及び管理等です。例えば，中高年または妊娠中の女性労働者に対する意図的な解雇，または主管機関に許可申請を行っていない外国人労働者の雇用などは，いずれもよく見られる就業服務法に違反する差別的な対応であり，高額の過料処分が科され，場合によっては刑事責任を問われるため，注意が必要となります。

2　男女雇用機会均等法

　男女雇用機会均等法は，雇用主が求職者または被雇用者に対して，性別による差別を行うことを禁止し，セクシャルハラスメントの防止及び就労の平等の促進のために雇用主が講じる必要のある措置（例えば授乳室，託児施設対策，業務中の授乳時間の提供等）を定めています。

　また，女性の生理日，結婚，妊娠，出産，育児または家族の看護・介護に関わる休暇申請及び給与支給の方法，並びにこれらにより離職した被雇用者の再就業機会の獲得について，講ずべき就業サービス，職業訓練及びその他の必要な措置についても明記しています。

3　セクシャルハラスメント防止法

　「男女雇用機会均等法」及び「男女教育機会均等法」においてもセクシャルハラスメントに関連する規定が設けられていますが，それぞれ職場または学校におけるセクシャルハラスメントを規制するものになります。

　それ以外の不足する部分を補うため，セクシャルハラスメント防止法が制定され，例えば，雇用主と従業員の関係でない者には適用できない，公共の場所でのセクシャルハラスメント事件の被害者の保護，セクシャルハラスメントの加害者に対する制裁，賠償的罰則等についても定められています。また，雇用主に完全なセクシャルハラスメントの事前予防及び事後防止ネットワーク構築

の義務（例えばセクシャルハラスメント防止措置の制定及び公表，通報ルートの構築等）を厳格に課しています。

Q87　労使紛争

労使紛争にあたって留意すべき事項について教えてください。

Answer

　労使紛争調停の制度に関しては，主に労使紛争処理法に規定され，労使双方に対して「訴訟外」の方法により労使紛争処理の迅速かつ経済的な方法を提供しています。労使紛争処理法は，調停，仲裁，裁定の３つの紛争解決方法を規定しており，前２者は労使紛争を処理する手続きであり，後者は不当労働行為を処理する仕組みを定めています。

　また，台湾では，労働者が訴訟手続きを行う障害となっていた冗長な訴訟手続きの解決を目的として，2020年１月１日に労働事件法が正式に施行されました。台湾の裁判所が審理するすべての労使紛争は，労働事件法が適用され，第一審の審理までの３か月間に３回，裁判官（及び２名の委員）の主催により，強制的に調停先行処理が行われます。調停が不成立となった場合，同一の裁判官が直接審理を引き継いで補足するほか，６か月以内に１回のみ開廷する原則の下，第１審を終結させるものとされています。労働事件法においては，立証責任は会社が負うことを求めており，労働者に有利な主張を推定する等，労働者に有利となる規定が多く提供されており，会社が迅速に資料を提供できなければ有利な結果を勝ち取れないおそれもあります。このため，会社は普段より各種の文書記録や証拠を適切に保存しておくことが紛争を回避するにあたって重要となります。

Q88　健康保険

台湾の健康保険について教えてください。

Answer

　台湾の国籍を持ち，台湾において戸籍を作成して6か月以上の者及び台湾において出生した新生児は，必ず国民健康保険に加入しなければならないものとされています。また，婚姻等による台湾の国籍の取得者，台湾に長期居留するホワイトカラー外国籍者，華僑学生及び外国人留学生，軍人等についても，健康保険制度に含められています。平等な医療サービス及び診察を受ける権利を全面的に実現するため，第二世代国民健康保険の施行によって，矯正施設の受刑者もまた健康保険制度の範囲に組み入れられています。

　台湾の健康保険加入資格は主に以下の通りです。

---

① 　台湾の国籍を有し，直近2年間に本保険に加入していた記録のある者，または本保険に加入するまでの6か月間に継続して台湾に戸籍を有する者

② 　台湾の国籍を有しており，台湾に戸籍を持ち，特定の雇用主に雇用されている者

③ 　台湾の国籍を有しており，台湾において戸籍に出生の登記を行い，扶養資格を満たす新生児

④ 　台湾に戸籍を持たず，台湾における居留証明文書を受領し，台湾における居留期間が満6か月に達した場合は，本保険に加入しなければならない。但し，特定の雇用主に雇用されている者は，6か月の制限を受けない

　国民健康保険の加入対象者は，保険料を納付して健康保険カードを受領して

から，疾病，負傷及び出産の事実が発生したときはいつでも，健康保険カードを使用して国民健康保険制度の特約病院，診療所，薬局，指定医療検査機関等の特約医療サービス機関において，必要かつ完全な医療サービスを受けることができます。

　保険料は，「一般保険料」と「補足保険料」に分類されます。補足保険料とは，下表の該当する項目が生じた場合に追加で発生する保険料を言います。該当する項目がない場合は，一般保険料のみとなります。その概要は以下の通りです。

	一般保険料	補足保険料
主な関連法令	・国民健康保険法 ・国民健康保険法施行規則	・国民健康保険法 ・国民健康保険法施行規則 ・国民健康保険の補足保険料の控除及び納付に関する規則
給付内容	保険対象の疾病，負傷事故の発生時または出産時に，保険医事サービス機構が保険医療サービスを提供し，規定に従って処理する	
料率	2021年1月1日より4.69％から5.17％に改定	2.11％
負担割合	民営事業，機構等特定の雇用主に雇用される者 ・雇用主：60％ ・被雇用従業員：30％ ・政府：10％	・雇用主：毎月支給する給与所得総額がその被雇用者の当月の標準報酬総額を上回るときは，その差額に基づいて計算する ・個人：下記個人負担となる補足保険料を参照
計算式	・被雇用従業員 　標準報酬月額×保険料率（5.17％）×負担割合×（本人＋扶養人数） ・雇用主及び政府 　標準報酬月額×保険料率（5.17％）×負担割合（60％または10％）×（1＋平均親族数） ※平均親族数：0.61	・雇用主：（雇用主の支払う給与総額－被雇用者従業員の保険金総額）×2.11％ ・個人：計算所得または収入×料率（2.11％）

● 個人負担となる補足保険料

　被保険者において以下の所得が発生した場合，追加として補足保険料の対象となります。

	項目	影響を受ける者	計算の原則及び算式	保険料控除義務者
1	保険加入企業からの賞与 年間の累計が当月の保険金額の4倍を超える部分	高額の業績賞与または年末賞与収入がある者	一般保険加入基準対象外の賞与総額が月の保険金額の4倍を超える部分×2.11%	企業担当部門の責任者
2	保険加入企業以外からの給与	副業，董事・監査人報酬，講演報酬がある者	副業の時給等の報酬収入×2.11%	企業担当部門の責任者
3	業務遂行収入	業務遂行者以外の身分をもって保険に加入する業務遂行者で，高額の業務遂行報酬収入がある者	業務遂行報酬収入全額×2.11%，必要経費及び原価の控除不可	企業担当部門の責任者
4	配当所得	国内株式投資者	同一年度内の国内株式投資にかかる現金収入及び配当金総額×2.11%	企業担当部門の責任者
5	利子所得	高額の利子のある預金口座名義	銀行からの預金利息2.11%	企業担当部門の責任者
6	賃貸収入	法人と動産または不動産の賃貸契約を締結している保険加入者	保険加入企業からの賃貸料×2.11%，必要経費の控除不可	企業担当部門の責任者

台湾の労働保険について教えてください。

労働保険は在職保険であり，その対象は，実際に就労し，報酬を得ている労働者です。強制加入対象者と任意加入対象者に分類され，強制保険を主，任意保険を補足としています。

労働者保険における労工保険，就業保険の根拠法令及び関連内容の概要は，下表の通りです。

項目	労工保険	職災保険	就業保険
根拠法令	・労工保険条例 ・労工保険条例施行細則	・労工職業災害保険及保護法 ・労工職業災害保険及保護法施行細則	・就業保険法 ・就業保険法施行細則
適用対象	(1) 強制加入対象者 5名以上を雇用する会社に雇用される満15歳以上65歳以下の労働者は，その雇用主，所属団体または所属機関を保険加入単位とし，すべて労働者保険に加入して被保険者となる (2) 任意加入対象者 実際に労働に従事する雇用主は，その被雇用従業員と共に，同一の保険加入単位をもって労働者保険に加入しなければならない	・事業所に雇用されている労働者及び実質的に労働に従事している雇用主 ・職業労働組合に加入している者 ・労働部より雇用許可を取得している者 ・事業体の養成員，研修生，産学提携クラスの学生	満15歳以上65歳以下の次の被雇用労働者 (1) 台湾の国籍を有する者 (2) 台湾内に戸籍を有する国民と結婚し，かつ居留許可を得て，法に基づいて台湾地区において就労する外国人，中国大陸地区人民，香港住民またはマカオ住民（離婚またはその配偶者の死亡によって婚姻関係が消滅した後も法に基づいて継続して居留が許可された者を含む）

給付内容	一般損害保険 ① 出産給付 ② 傷病給付 ③ 障害給付 ④ 老齢給付 ⑤ 死亡給付	労働災害保険 ① 傷病給付 ② 医療給付 ③ 障害給付 ④ 死亡給付 ⑤ 失踪給付	① 失業給付 ② 早期就業奨励手当 ③ 職業訓練生活手当 ④ 育児休業手当 ⑤ 失業被保険者及び被保険者と共同で保険に加入する扶養親族の全民健康保険料の補助
保険料率	一般損害保険 2021年1月1日より，労働保険の実収一般保険料率は10.5％（2023年1月1日からは11％）	労働災害保険 2022年5月施行時の業種別災害平均料率は0.13％，通勤災害料率は0.07％であり，改正後の合計労働災害保険料率の平均は0.20％（その後3年ごとに精算・調整予定）	雇用保険法第8条の規定に基づき，本保険の保険料率は，主管機関が被保険者の当月の標準報酬の1％から2％に定め，行政院に届出を行い，これを承認する
負担割合	一般損害保険 ・雇用主：70％ ・被雇用従業員：20％ ・政府：10％	労働災害保険 雇用主：100％	雇用主：70％ 被雇用従業員：20％ 政府：10％
計算方法	一般損害保険料 標準報酬月額×10.5％×負担割合	労働災害保険料 標準報酬月額×労働者保険労働災害保険業種別料率×負担割合	標準報酬月額×1％×負担割合

Q90 退職金制度

台湾の退職金制度は国で定められていると聞きました。その内容を教えください。

　台湾の退職年金制度は，政府により運営されており，各企業は退職年金制度を独自に追加して設定することができますが，台湾政府の退職年金制度に置き換えることはできません。

　2005年に退職年金制度が改定され，改定前の制度は「労働者退職準備金」（通称：旧制度）であり，改定後の制度は「労働者退職金条例」（通称：新制度）とされます。

　新旧の労働者定年退職制度の概要及び比較は以下の通りです。

項目	旧制度	新制度
根拠法令	・労働基準法 ・労働者退職準備金拠出及び管理規則	・労働者退職金条例 ・労働者退職金条例施行細則
適用対象	労働基準法を適用する労働者のうち，次の条件を満たす者 ① 2005年6月30日以前に雇用された台湾籍の労働者であり，新制度に転換せず，旧制度の継続適用を選択した者，または新制度に転換したが，制度転換前の期間の部分については旧制度を適用する者 ② 労働基準法を適用する外国籍労働者。但し，次のいずれかの条件にあてはまる者には適用しない ・2014年1月17日以降に雇用された，または離職して再雇用された外国籍労働者であり，その配偶者が台湾籍を有する ・2018年2月8日の外国専門人材招聘雇用法施行後に永久居留証を受領した被雇用労働者	労働基準法を適用する労働者のうち，次の条件を満たす者 ① 2005年7月1日以降に雇用された，または離職して再雇用された台湾籍労働者 ② 2005年6月30日以前に雇用され，新制度を選択した者，または2010年6月30日以前に新制度に転換した台湾籍労働者 ③ 2014年1月17日以降に雇用された，または離職して再雇用された外国籍労働者のうち，その配偶者が台湾籍を有する者 ④ 2018年2月8日の外国専門人材招聘雇用法施行後に永久居留証を受領した外国専門人材 ⑤ 2019年5月17日以降に永久居留証を受領した外国籍者 但し，新制度が施行される前にす

	・2019年５月17日以降に永久居留証を受領した外国籍者 ・海洋漁業業務従事者 ・家事ヘルパー ・国の重要建設プロジェクトまたは経済・社会発展に必要なものとして主管機関が指定した業務に従事する者	でに同一の事業組織に就労した場合は，外国専門人材招聘雇用法の施行後または永久居留証の取得後６か月以内に，雇用主に対して，書面をもって旧制度の継続を表明することができるが，旧制度の継続の確認を表明した後は二度と新制度に変更してはならない
拠出率	・雇用主：毎月の給与総額の２％から15％の範囲内において拠出する ・労働者：なし	・雇用主：拠出率は６％を下回ってはならない（６％以上の範囲で雇用主が決定） ・労働者：個人の任意拠出率は６％を上回ってはならない
拠出金の預け入れ口座	・台湾銀行の退職準備金専用口座	・労働者個人の退職金口座
所定の拠出額以外の会社の負担の有無	あり ・労働基準法の規定する方法で計算した退職金の金額に基づき，拠出金額が不足する部分は，会社が追加負担しなければならない	なし
受給方法	一括受給	一括受給または月額年金受給
退職年金の計算方法	労働基準法第55条に基づく ・勤続年数が15年目までの部分は，１年ごとに２つの基数を与える。16年目以降の部分については，基数の合計が45に達するまで，１年ごとに１つの基数を与える。半年に満たないときは半年として計算し，半年以上のときは１年として計算する。（基数は定年退職前の６か月の平均賃金に基づいて計算する） ・計算式：退職前の６か月の平均賃金×基数	労働者退職金条例第23条に基づく個人退職金専用口座制 ・一括給付退職金：個人退職金専用口座の元金及び累積収益を一括して受給 ・月月額年金：個人退職金専用口座の累積元金及び収益について，年金生命表に基づき，平均寿命，利率等の要素をもって毎月給付すべき年金額を計算し，四半期ごとに定期的に受給

受給要件	①　自己都合による退職・労働者から退職希望する場合 ・同勤務先に25年以上連続して勤務する者 ・同勤務先に15年以上連続して勤務する満55歳以上の者 ・同勤務先に10年以上連続して勤務する満60歳以上の者 ②　雇用者側からの強制退職の場合 ・満65歳の者 ・心神喪失または身体障害によって仕事ができない者	・満60歳になった時点で対象者自らが労働保険局へ申請することが可能 ・勤続年数15年未満の場合は一時金として，15年以上の場合は年金方式か一時金かを選択して受給
解雇予告手当	・勤続年数×給与１か月分 ・上限：なし	・勤続年数×給与0.5か月分 ・上限：勤続年数12年（給与６か月分）
特色	①　長期就労を奨励 ②　単一制度で理解が容易	①　積み立てにより受給可能 ②　適用対象が広い ③　労働者が任意に拠出でき，租税優遇措置を享受できる ④　最低保障収益がある ⑤　死亡した労働者の退職金を遺族または指定受給者が受領可能 ⑥　解雇手当も受領可能 ⑦　拠出率が明確であり,企業による退職金コストの見積もりに資する

Q91　外国人の就業違反に対する罰則

　外国人の就業に関して雇用主に対する罰則規定を教えてください。

Answer

　外国人の就業に関して，その違反の事実に対して罰則規定があります。

　主なものは以下の通りです。

違反の事実	根拠条文 （就業服務法）	法定過料の額（台湾ドル）またはその他の罰則	罰則の統一基準 （台湾ドル）
外国人が雇用主による許可申請を経ず，違法に台湾内で就労した場合	第43条，第68条	1．3万台湾ドル以上15万台湾ドル以下の過料に処す 2．ただちに出境を命じ，再び台湾内で就労してはならない 3．期限を定めて出境を命じ，期限までに出境しない場合は，出入境管理機関は，強制出境させることができ，出境前は，出入境管理機関が収容できる	1．1回目：3～6万台湾ドル 2．2回目：6～15万台湾ドル 3．3回目以降：15万台湾ドル
違法に外国人を受け入れて業務に従事させた場合	第44条，第63条	15万台湾ドル以上75万台湾ドル以下の過料に処す。5年以内に再度違反した場合は，3年以下の懲役，拘留若しくは120万台湾ドル以下の罰金に処し，またはこれらを併科する	1．行為者に対し違反回数に基づいて決定する (1)　1回目：15～30万台湾ドル (2)　2回目：30～75万台湾ドル （同一行為について，1回目の処分後5年以内に再び違反した場合は，司法手続きに移る。前項の行為が不起訴処分，または無罪，免訴，不受理若しくは審理に付さないという審判が

確定した場合は，2
回目の過料金額に基
づいて処分すること
ができる）

(3)　3回目以降（2回
目の5年後以降）：
75万台湾ドル

2．法人の代表者，法人
若しくは自然人の代理
人，被雇用者，または
その他の従業員が業務
遂行により規定に違反
した場合は，当該法人
または自然人に対し規
定違反回数に基づいて
決定する

(1)　1回目：15～30万
台湾ドル

(2)　2回目：30～75万
台湾ドル
（同一行為について，
1回目の処分後5年
以内に再び違反した
場合は，司法手続き
に移る。前項の行為
が不起訴処分，また
は無罪，免訴，不受
理若しくは審理に付
さないという審判が
確定した場合は，2
回目の過料金額に基
づいて処分すること
ができる）

(3)　3回目以降（2回
目の5年後以降）：
75万台湾ドル

1．雇用主が許可を得ていない，許可が失効しているまたは他人が雇用申請した外国人を雇用した場合 2．雇用主が本人の名義をもって外国人を雇用して他人のために就労させた場合	第57条第1号及び第2号，第63条，第72条第2号	1．15万台湾ドル以上75万台湾ドル以下の過料に処す。5年以内に再度違反した場合は，3年以下の懲役，拘留若しくは120万台湾ドル以下の罰金に処し，またはこれらを併科する 2．その募集許可及び雇用許可の一部または全部を廃止する	1．行為者に対して違反回数に基づいて決定する (1)　1回目：15〜30万台湾ドル (2)　2回目：30〜75万台湾ドル （同一行為について，1回目の処分後5年以内に再び違反した場合は，司法手続きに移る。前項の行為が不起訴処分，または無罪，免訴，不受理若しくは審理付さないという審判が確定した場合は，2回目の過料金額に基づいてこれの処分を決定することができる） (3)　3回目以降（2回目の5年後以降）：75万台湾ドル 2．法人の代表者，法人若しくは自然人の代理人，被雇用者，またはその他の従業員が業務遂行により規定に違反した場合は，当該法人または自然人に対し規定違反の回数に基づいて決定する (1)　1回目：15〜30万台湾ドル (2)　2回目：30〜75万台湾ドル （同一行為について，1回目の処分後5年

			以内に再び違反した場合は, 司法手続きに移る。前項の行為が不起訴処分, または無罪, 免訴, 不受理若しくは審理に付さないという審判が確定した場合は, 2回目の過料金額に基づいて処分することができる) (3) 3回目以降(2回目の5年後以降): 75万台湾ドル
雇用主が派遣して雇用する外国人を許可された以外の業務に従事させた場合	第57条第3号, 第68条第1項, 第72条第3号	1. 3万台湾ドル以上15万台湾ドル以下の過料に処す 2. 期限を定めて改善を促し, 期限までに改善されない場合は, その募集許可及び雇用許可の一部または全部を廃止する。	(1) 1回目: 3～6万台湾ドル (2) 2回目: 6～15万台湾ドル (3) 3回目以降: 15万台湾ドル
雇用される外国人が連続3日間無断欠勤して連絡が取れない, または雇用関係が終了した事実があり, 雇用主が3日以内に書面をもって現地の主管機関及び警察機関に通知した場合	第56条, 第68条第1項	3万台湾ドル以上15万台湾ドル以下の過料に処す	(1) 1回目: 3～6万台湾ドル (2) 2回目: 6～15万台湾ドル (3) 3回目以降: 15万台湾ドル

1．外国人の雇用許可期間が満了した，または規定により雇用許可を廃止し，期限を定めて出境を命じたが，期限までに出境しなかった場合 2．雇用される外国人が連続3日間無断欠勤して連絡が取れず，雇用許可が廃止される前に，出入境主管機関が期限を定めて出境を命じたが，期限までに出境しない場合	第68条第4項，第74条第1項及び第2項	期限を定めて出境を命じたが，期限までに出境しない場合，出入境管理機関は強制出境させることができ，出境前は出入境管理機関が収容できる	
外国人が以下の事実のいずれかに該当する場合 1．許可申請以外の雇用主のために就労したとき 2．雇用主の指示によらず，自ら許可以外の業務に従事したとき 3．連続3日間無断欠勤して連絡が取れなかったとき，または雇用関係が終了したとき 4．健康診断の受診を拒否した，不実の検体を提供した，検査に不合格であった，心身の状態が指示された業務の任に堪えない，または中央保	第73条	雇用許可を廃止する	

健主管機関の指定する伝染病にり患した場合 5．その他台湾の法令に違反し，その情状が重大である場合。 6．規定に従って提供すべき資料の提供を拒否した，または不実提供した場合		

Column　台湾の所得事情

　行政院主計処の統計（國民所得統計常用資料）によると，2021年の一人当たりの所得の平均は797,546台湾ドル（28,469USドル）となっています。日本円に換算（1台湾ドル＝4.6円）すると約3,668,711円です。2021年の経済成長率は6.57%とコロナ禍でも好調であった台湾。この成果もあってか，2022年の予測（2022年11月現在）では，一人当たりの所得の平均は853,440台湾ドル（29,087USドル），日本円に換算すると約3,925,824円となっています。

　最低賃金についても，2022年9月1日の台湾の労働部の公表によると，2023年1月1日以降の最低賃金を月給ベースで2万6,400台湾ドル（約12万1,440円，1台湾ドル＝4.6円）とし時給ベースでは176元（810円）となり，月給ベースでは2022年の2万5,250台湾ドルから4.56%引き上げられる予定です。

　日本では，2020年度の平均世帯年収が564万3千円（一人当たりは236万2千円）であり，2022年度の最低賃金は時給ベースで961円となっています。

　一人当たりの所得では台湾は日本を上回るものの，最低賃金ではまだまだ日本よりも低い状況です。

　所得格差が大きいと言われている台湾。経済成長，物価の上昇といった中，所得格差の問題はこれからも議論がなされそうです。

組織再編・資金調達・台湾での上場について

● Point ●

　台湾での事業運営にあたって，事業が順調に行くケースもありますし，上場など新たな展開を迎えることや，または，残念ながら失敗に終わることもあるでしょう。事業の展開に応じて，不動産の取得や合併や分割といった組織再編や新たに資金が必要となる場合もあると思います。この章では，これらの概要についてまとめています。

台湾において，合併や分割はできますか。

　2002年，企業のM＆A及び資金調達について法制化された企業合併買収法が公布・施行されました。

　これによって，合併，買収，株式移転・交換，分割にかかる各種対応や手続きが明文化されています。

　会社のM＆Aは，会社の法人格の消滅，経営権の変動，組織の重大な改変及び重要な資産の取引に関わり，株主権益に大きな影響を及ぼすため，原則として，企業のM＆Aは，各参加企業にて株主総会の特別決議を経る必要があります。

合併買収に関する事項

項目	決議方法			法規 （注3）	備考
	董事会	株主総会 （注1）	董事会		
1．合併，買収，株式交換及び分割					
(1)　合併，買収，株式交換及び分割の決議	普通	特別	特別	会社法172，266，316条，企合4，18，27，29，35条	（注2）
(2)　90％以上の株式を保有する被支配会社との合併の決議	特別	—	—	会社法316-2条 企合19条	
(3)　会社の100％子会社による会社の営業または財産の全部または主要部分の買収	普通	—	—	企合28条	

(4) 合併，買収に関する事項の報告	―	報告	―	会社法318条，企合7，26条	
２．営業または財産の全部または主要部分の譲渡または譲受					
(1) 営業の全部の賃貸，経営の委託または他者と経常的に共同経営を行うことに関する契約の締結，変更または終了	特別	特別	―	会社法172，185条	(注2)
(2) 営業または財産の全部または主要部分の譲渡	特別	特別		会社法172，185条，企合27条	(注2)
(3) 会社の営業に重大な影響を及ぼす他者の営業または財産の全部の譲り受け	特別	特別		会社法172，185条，企合27条	(注2)

注1：報告事項については「報告」と表記する。承認事項は「承認」と表記する。討議事項は，関連規定に従い特別決議または普通決議を要する場合はそれぞれ「特別」，「普通」と表記する。選任事項は「累積投票制」と表記する。

注2：臨時動議として株主総会において提案不可。

注3：企業合併買収法（企業併購法）略称「企合」

Q93 簡易合併と簡易分割

簡易合併や簡易分割の制度はありますか。

Answer

　台湾では，企業のM＆Aの効率性を促進するため，非対称合併や非対称株式交換・分割及び簡易M＆Aについては，株主総会の決議を省略することができるものとされています。非対称合併など，非対称組織再編の要件は以下の通りです。

項目	要件
非対称合併	存続会社が次の条件を同時に満たす合併の場合 ・存続会社が合併のために存続会社の発行済議決権付株式総数の20％を上回らない株式を新たに発行する場合 ・消滅会社の株主に交付する現金または財産の価値の総額が存続会社の純資産額の２％を上回らない場合
非対称株式移転・交換	次の条件を共に満たす株式移転・交換の場合 ・譲り受ける既存会社の発行する新株の総数がその発行済議決権付株式総数の20％を上回っていないこと ・交付する現金またはその他の財産の価値の総額が会社純資産額の２％を上回っていないこと
非対称株式分割	被分割会社及び譲受会社が次の条件を共に満たす分割の場合 ・被分割会社が譲渡する営業の価値が会社純資産額の２％を上回っておらず，かつ引受会社がすべての対価を取得するとき ・分割によって営業を譲り受ける既存会社が分割のために発行する新株がその発行済み議決権付株式総数の20％を上回っておらず，かつ交付される被分割会社の現金またはその他の財産の価値総額が既存会社の純資産額の２％を上回っていないとき

　簡易M&Aとは，企業合併買収法に定められる各種簡易組織再編を指しますが，例えば，某会社が発行済み株式の90％以上を保有する子会社と合併する場合，親子簡易合併を構成します。また，親会社がそれぞれ発行済株式の90％以上を保有する子会社間同士で合併する場合，兄弟簡易合併を構成します。

　それぞれのM&Aの方法における，存続会社及び消滅会社ごとの決議方法は以下の通りです。

表中の記号の意味（◎：特別決議，◆：普通決議）

M&A方式 ＼ 種類	参加企業	一般	非対称	親子簡易	兄弟簡易
合併	存続会社	株主総会◎(注1)	董事会◎(注3)	董事会◎	董事会◎
	消滅会社	株主総会◎(注2)	株主総会◎	董事会◎	董事会◎

買収	譲受会社	株主総会◎(注1)	×	董事会◆	×
	譲渡会社	株主総会◎(注2)	×	董事会◆	×
株式移転・交換	譲受会社	株主総会◎(注1)	董事会◎(注3)	董事会◎	×
	譲渡会社	株主総会◎(注2)	株主総会◎	董事会◎	×
分割	譲受会社	株主総会◎(注1)	董事会◎(注3)	董事会◎	×
	分割会社	株主総会◎(注2)	董事会◎	董事会◎	×

注1：公開発行会社：出席株主の株式総数が前述の定足数に満たないときは，発行済み株式総数の２分の１超を代表する株主が出席し，出席株主の議決権の３分の２以上をもって同意することができる。

すべての会社：定款でより厳しい規定を設けているときは，その規定に従う。

注2：上場（または店頭公開）会社がM＆Aに参画して上場（または店頭公開）を終了させ，かつM＆Aの相手会社が上場（または店頭公開）していない場合は，当該上場（店頭公開）会社は，発行済み株式総数の３分の２以上の株主の同意を得なければならない。

注3：消滅会社，譲渡会社若しくは譲り受ける営業資産について負債の弁済に不足する可能性がある場合，または存続会社若しくは譲受会社に定款変更の必要がある場合には，株主総会を開催しなければならない。

Q94 現金以外を対価とする企業再編

　台湾における企業再編について，現金以外を対価とすることも可能でしょうか。

Answer

　企業合併買収法では，現金のほか，株式及びその他の財産を用いて合併する場合，その他の会社の株式を対価とすることができるものとしています。詳細は以下の通りです。

方法＼対価	株式	その他の会社の株式	現金	その他の財産	所得類型
合併	✓	✓	✓	✓	消滅会社の株主は配当収入とみなす
買収	✓	×	✓	✓	被買収会社の財産取引損益
株式移転・交換	✓	×	✓（注）	✓（注）	原株主の証券取引損益（株式発行済みの場合）／財産取引損益（株式未発行の場合）
分割	✓	×	✓（注）	✓（注）	被分割会社の財産取引損益

注：新設分割または株式移転のために会社を新設する場合は，現金またはその他の財産のみをもって交付することはできない。

　上表について，異なる種類または異なる割合のM＆Aの対価を採用することができ，株主の持分割合に基づいて配分する必要はないものとされています。但し，異なる株主に配分する対価の種類が異なるまたは組み合わせが異なる場合，その価値が相当である計算の根拠を説明するものとされます（合併：22条，株式移転・交換：31条，分割：38条）。また，株主に対して，一定期間内において，異なる種類または異なる組み合わせの対価の選択を認める場合，一定期間及び対価の選択に関連する事項を事前に説明するものとされています（合併：22条，株式移転・交換：31条，分割：38条）。

Q95　子会社の解散・清算

　子会社を解散・清算することになりました。必要な手続きの概要を教えてください。

Answer

　会社法に基づいて設立された会社は，その法人格を抹消するときは解散及び清算の手続きを経なければなりません。解散とは，会社法に従い会社登記主管

機関に抹消登記の手続きを行うことを言い，清算とは，会社法及び民事に関連する法律に従い，清算人が就任した後に，裁判所に対して清算を申し立てる手続きを指します。手続きの概要は下図の通りです。

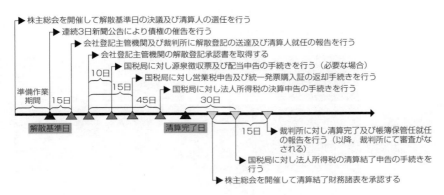

なお，解散・清算の手続きに先立って，事業や資産負債及び従業員等の整理や準備が必要となります。具体的には，建物，工場，土地などの不動産の整理，負債の返済，従業員の整理解雇，取引先との契約の整理等が挙げられます。事業を廃止するにあたって，契約違反が生じ訴訟が生じてしまうと，清算することができないケースがあります。解散・清算の検討にあたっては，事前に会計士及び弁護士等の専門家と検討されることが望まれます。

Q96　子会社の資金調達の方法

台湾子会社の資金調達を考えていますが，増資にすべきか融資にすべきか迷っています。それぞれのメリット・デメリットを教えてください。

Answer

増資，融資とも，調達先が自身と資本関係がある関連者（親会社など）なのか，

または資本関係がない相手なのか（例えば金融機関など）で，それぞれ2つの選択股があります。関連者からの増資や融資は，調達先が関連者であるため，比較的実行しやすいと言えます。但し，当該関連者の資金の状況や戦略によっては，関連グループ外に頼らざるを得ないケースもあります。それぞれの一般的なメリット・デメリット，または留意点を以下の通りまとめています。

	資本		借入	
	関連者	外部	関連者	外部
メリット	・グループ内の意思決定を踏襲できる ・返済不要／利子不要 ・第三者の保証や担保不要	・返済不要／利子不要 ・第三者の保証や担保不要	・グループ外キャッシュアウトがない ・一般的に第三者の保証や担保は不要	・手続きが比較的シンプル
デメリット	・事務手続きが必要（董事会・株主総会・FIA申請・登記等）	・事務手続きが必要（左記同様） ・親会社の同意が困難 ・外部株主の意向が介入する	・返済が必要 ・利子負担	・返済が必要 ・利子負担 ・グループ外へのキャッシュアウト ・担保の設定が必要なケースもある
留意点	・外資：FIA申請が必要 ・配当に源泉税がかかる	・外資：FIA申請が必要 ・配当に源泉税がかかる	・移転価格の問題 ・一年以上の外資融資：FIA申請が必要 ・過少資本税制 ・利子に源泉税がかかる	・利子に源泉税がかかる

※FIA申請：経済部投資審議司等の外国投資の承認（Foreign Investment Approval）

Q97 外国人の不動産取得

外国人（個人・法人）の台湾における不動産の取得について教えてください。

Answer

外国人の台湾投資にあたり，経営上の必要性や投資目的のために台湾の不動

産の保有を計画する場合，通常，⑴本国の法人，⑵外国人（個人），⑶外国法人をもって不動産の財産権を保有することができます。外国人の不動産の取得にあたっては，まず，以下の点について把握しておくことが望まれます。

● 不動産所有権の登記制度の採用

　台湾の不動産の権利は，登記発効主義を採用しています。すなわち，不動産権利（例えば，所有権，担保権，地上権等）について，法律行為（例えば，売買，贈与等）に基づいて取得，設定，喪失及び変更を行う場合，登記を経なければ効力は発しません（民法第758条）。相続，強制執行，徴収，裁判所による判決，またはその他法に基づかない行為によって，登記を行う前に取得した不動産権利については，登記を経てはじめてその権利を処分することができるものとされます（民法第759条）。

● 外国人の台湾の不動産取得にあたって順守すべき規定

　土地法第14条に規定する私有してはならない土地，耕地，林業用地等の特殊な土地についての取得制限を除いて，本国法人であれば，原則として自由に不動産を取得することができるものとされています。しかし，外国人（個人及び法人も含む）については，別途特別な規定が定められています。

⑴　平等互恵原則

　外国人が台湾において取得または設定する土地の権利は，条約または当該外国人の本国の法律に基づき，台湾人が当該国において同様の権利を享受できる場合に限られます（土地法第18条）。内容は，台湾内政部地政司のホームページ「外国人が台湾において取得または設定する土地権利の互恵国一覧表」を参照ください。

⑵　土地の分類による取得制限

　林地，漁地，狩猟地，製塩地，採鉱地，水源地，要塞軍備区域及び領域辺境の土地は，外国人に譲渡，設定または賃貸をすることはできないものとされています（土地法第17条）。ここでいう譲渡には，相続による土地の取得は含まれ

ませんが，相続登記手続完了日から３年以内に本国人に売却するものとし，期
限までに売却を行わない場合，直轄市，県または市の土地行政主管機関は国有
財産局に競争入札手続きを委任するものとされています。

(3)　不動産の用途の制限

　外国人が，自家用，投資または公益の目的に供するために使用する場合，次
の各号に掲げる用途の土地を取得することができますが，その面積及び所在地
は，当該土地の管轄市，県または市が法に従って定める制限を受けるものとさ
れています（土地法第19条第１項）。

① 　住宅

② 　営業場所，事務所，商店及び工場

③ 　宗教施設

④ 　病院

⑤ 　外国人児童学校

⑥ 　在外公館及び公益団体の集会所

⑦ 　墓地

⑧ 　台湾内における重要建設，経済全体または農牧経営に有益な投資，並び
　　に目的事業にかかる主管機関が認可した場合（詳細は，「外国人による国内重
　　要建設，経済全体または農牧経営投資のための土地取得に関する規則」を参照）

Q98　不動産に関する税金

不動産に関する税金について教えてください。

Answer

　不動産にかかる租税は，保有期間中，及び譲渡（売買，贈与，相続等）に分け
て考える必要があります。

1 不動産保有期間中の税金

　本国人または外国人を問わず，その保有する不動産の保有期間において，規定に従い，土地については地価税，建物については家屋税をそれぞれ納付しなければならないものとされています。日本で言う固定資産税に該当するものです。その概要は以下の通りです。なお，それぞれの税率の適用については詳細な要件や証明が必要となる場合があります。

税目	土地 地価税	建物 家屋税
納税義務者	納税義務基準日（8月31日）当日において，土地登記簿に記載されている土地所有権者，質権者	家屋所有者，質権者
課税期間	1月1日～12月31日	7月1日～6月30日
徴収期間	11月1日～11月30日	5月1日～5月30日
課税対象額	土地の所有権者の地価の総額が土地所在地である市または県の累進起点の価格を超えていない場合，地価税の基本税率に基づく。累進起点の価格を超える場合，累進課税の規定に基づく	納付税額＝家屋課税現在価値×税率 家屋課税現在価値＝確定単価×面積×（1－減価償却率×減価償却年数）×街路等ごとの調整率（地段率） 確定単価＝標準単価×（1±各加減算項目の加減率）±建物フロア高度超過調整

| 税率 | (1)　一般税率
　　累進起点の価額を超過する倍数
　　に基づき1％～5.5％を課税
(2)　特別税率
　　①　自己用住宅用地，労働者宿
　　　　舎用地：0.2％
　　②　公共施設保留地：0.6％
　　③　工業用地，給油所，駐車場
　　　　（臨時の路外駐車場用地を含ま
　　　　ない）等の事業上直接使用す
　　　　る土地：0.1％ | (1)　単一住宅（全国で1戸の場
　　合）：基本税率は0.6％
(2)　自己用住宅（全国で3戸以内
　　の場合）：1.2％
(3)　その他住宅用：1.5％～3.6％
(4)　営業用：3％単一住宅（全国で
　　1戸の場合）：基本税率は0.6％
(5)　駐車場または防空避難室の規
　　定違反使用：2.5％～5％
(6)　空き家屋（使用許可証に記載
　　されている用途別または都市計
　　画区域の使用範囲に基づいて認
　　定）：1.5％～3.6％
※上述の税率は，台北市の例であり，
　その他県または市の家屋税の税
　率については，各県または市が
　制定する条例を参照 |

2　不動産の譲渡（売買）にかかる税金

　不動産の売買取引にあたっては，以下の税金が発生し，本国法人，外国人（個人・法人），それぞれについて適用されます。

(1)　財産税：土地増値税，契約税

(2)　取引所得税（2016年を境に旧制度，新制度がある）

(3)　印紙税，営業税（営利事業者のみ）

(1)　財　産　税

税目	納税義務者	説明
土地増 値税	売手側	①　課税標準 　　土地増価総額＝譲渡する土地の申告時価－原規定地価または 　　前回譲渡時の時価×台湾の消費者物価指数－土地開発費 ②　税率：土地増価倍数に基づく累進税率となっており，20％， 　　30％または40％を課税。自己用住宅地用地の基準を満たす場 　　合は10％の特別税率に基づき課税

契約税	買手側	① 申告時点：契約成立日から30日以内 ② 課税標準：不動産評価委員会の評価する標準価格 ③ 税率：6％

(2) 取引所得税

　個人及び営利事業者については，建物または土地の取得や取引時点に応じて旧制度と新制度を勘案する必要があります。

　以前の旧制度では，建物部分のみをもって財産取引所得税が課されていました。旧制度（建物にかかる財産取引所得税：つまり土地の取引所得は免税）の概要は，以下の通りです。

課税対象	項目	説明	
個人	申請方法 及び時期	国内個人（居住者）	翌年5月の確定申告時に合わせて納付
		国外個人（非居住者）	翌年5月の確定申告時に合わせて納付する。または出国前に申告納付
	課税標準	① 実際認定所得額 　建物部分の売価－取得原価－取得，当該資産の改良及び譲渡のために支払った一切の費用 ② 推定所得額（提供できない場合，または徴税機関も取引時の実際の成約価格または取得原価を確認できない場合） 　A高価住宅 $$=建物・土地の合計価格 \times \frac{建物評価時価}{土地公告時価＋建物評価時価}$$ $$\times 15\%$$	

高価住宅と認定された 建物・土地の合計成約価格		
台北市	新北市	その他の県市
＞7,000万	＞6,000万	＞4,000万

（単位：台湾ドル）

B非高価住宅＝建物評価時価×地区の査定基準

	税率	国内個人（居住者）	個人所得税額に含め，５％～40％の累進税率に従って課税する
		国外個人（非居住者）	20％の源泉徴収税率に基づき納税申告
営利事業者	申請方法及び時期	国内営利事業	年度の営利事業所得額に含め，翌年５月に確定申告を行う
		非国内営利事業	①　台湾国内に固定営業場所または営業代理人のある場合：年度の営利事業所得額に含め，翌年５月に確定申告を行う ②　台湾国内に固定営業場所または営業代理人のない場合：税務代理人により申告納付する
	課税標準	建物部分の売価－取得原価－取得，当該資産の改良及び譲渡のために支払った一切の費用	
	税率	20％	

2016年１月１日以降に以下の建物または土地を取引した場合に房地合一税という所得税が売り主に課されます。

①　2016年１月１日以降に取得した建物（農業発展条例に基づき建築申請を行った農家住宅及び農業施設を含まない），建物付き土地，または法に基づく建築許可を得ている土地

②　2016年１月１日以後に取得した地上権設定による建物使用権（営利事業を除く）についても，新制度の課税規定を適用する

③　2014年１月２日以降に取得した建物（農業発展条例に基づき建築申請を行った農家住宅及び農業施設を含まない），建物付き土地，または法に基づく建築許可を得ている土地で，かつ当該建物及び土地の保有期間が２年以内であるもの

房地合一税はさらに，2021年７月１日以降，保有期間ごとの税率の見直しなどの改正がなされました。新旧房地合一税は，それぞれ「房地合一税1.0」，及び「房地合一税2.0」と呼ばれています。2021年７月１日以降の取引については，房地合一税2.0が適用されています。また，房地合一税2.0では，以下２種類の取

引タイプについても，房地合一税の対象範囲に含まれるものとされています。

① 建物及び土地の完成前の事前販売

② 直接または間接的に保有する台湾内外の営利事業者の株式持分（または出資金）の取引で，かつ，当該営利事業者の株式（または出資金）の価値の50％以上が台湾内の土地建物から構成されているもの（但し，上場，店頭公開会社の株式の取引の場合には適用されず，また，非上場，非店頭公開の株式の取引において，房地合一税2.0を適用して取引を行った場合，所得税法の基本税額規定に基づく課税を免除とされています）

新制度（房地合一税2.0）の概要は，以下の通りです。

課税対象	項目	説明		
個人	申請方法及び時期	分離課税。所有権の譲渡登記が完了した翌日から起算して30日以内に納税申告する		
	課税標準	建物・土地の売価−取得原価−費用−土地増価総額		
	税率	台湾内個人（居住者）	① 保有期間2年以内：45% ② 保有期間2年超，5年以内：35% ③ 保有期間5年超，10年以内：20% ④ 保有期間10年超：15%	
		台湾外個人（非居住者）	① 保有期間2年以内：45% ② 保有期間2年超：35%	
営利事業者	申請方法及び時期	個別に税額を計算し，翌年5月の確定申告時に合わせて納付		
	課税標準	建物・土地の売価−取得原価−費用−土地増価総額		
	税率	台湾内営利事業	① 保有期間2年以内：45% ② 保有期間2年超，5年以内：35% ③ 保有期間5年超：20%	
		非台湾内営利事業	① 保有期間2年以内：45% ② 保有期間2年超：35%	

(3) 印紙税，営業税

税目	納税義務者		説明
	売方	買方	
印紙税	○	○	・課税標準：不動産売買契約の成約価格 ・税率：0.1％ ※法令上，印紙税は契約当事者が納付するものと規定されているが，実務上，買方が印紙税を負担するケースが多く見受けられる
営業税 （営利事業者のみ適用）	○		・課税標準：建物の売価 ※営業人が土地及びその定着物（建物）を一括して売却する場合，販売価格が土地とその定着物に分けて明記されている場合を除き，土地の公告時価と建物評定標準価格（営業税を含む）の合計価格に占める建物評定標準価格（営業税を含む）の割合に基づき，定着物部分の販売額を計算する ・税率：5％

3 不動産の贈与，相続時にかかる租税

　贈与にかかる租税については個人に対してのみ課され，贈与税は贈与者，土地増値税は譲受人にそれぞれ課されます。この他，印紙税や契約税が発生します。

　なお，営利事業者による贈与については，贈与税の課税対象でなければその申告納税は不要ですが，贈与財産は譲受対象の所得とみなされ公正価値等にて総合所得税について検討する必要があります。

　他方，相続にかかる租税についても個人にのみ課され，台湾の国民でない者が死亡した場合でも，その台湾内の財産については相続税が課されます。

　・課税標準：被相続人の死亡時の時価（土地は公告する土地の時価または評定標準価格を基準とし，建物は評定標準価格を基準とする）
　・　税率

遺産純額	税率	累進差額
50,000,000元以下	10%	0
50,000,001〜100,000,000元	15%	250万
100,000,001元以上	20%	750万

・免税額：1,200万（2022年1月1日より，1,333万台湾ドル）

　その他にも，相続にかかる租税には，協議分割相続時の印紙税が課されます。なお，相続によって譲渡した土地にかかる土地増値税は免除され，また，相続により取得した建物の所有権は契約税の課税対象となっていません。

Q99　株式市場の概要

台湾の株式市場について教えてください。

Answer

　台湾の証券市場には，流通市場（台湾証券取引所：TWSE）及び店頭市場（財団法人中華民国証券店頭売買センター：OTC）があり，企業が資本市場において発展に必要な資金を調達することで生産能力を高め，競争力の強化を支援しており，主管機関である金融監督管理委員会の指導の下，流通市場と店頭市場が相互に補完する完全な証券市場システムが構築されています。

　2022年末におけるそれぞれの会社数及び時価総額は以下の通りです。

項目	台湾証券取引所 （上場）	証券店頭売買センター （店頭公開）
上場（店頭公開）会社数	971	808
時価総額（百万台湾ドル）	4,426.03	4,424.07

第7章　組織再編・資金調達・台湾での上場について

Q100 株式市場への上場要件

一般の会社が台湾の株式上場するための要件について教えてください。

Answer

台湾国内企業における台湾証券取引所の上場または店頭売買センターに公開するための要件は以下の通りです。

項目	台湾証券取引所	店頭売買センター
設立年数	上場申請時において，会社法に基づき設立登記されてから満3年以上であること。但し，公営事業または公営事業から民営事業に移行した場合，この限りではない	店頭公開時において，会社法に基づき設立登記されてから完全な事業年度を2期経過していること
会社規模要件	上場申請時の払込資本金が6億台湾ドルに達しており，かつ募集・発行を行う普通株式数が3,000万株以上であること	店頭公開時の払込資本金が5,000万台湾ドルに達していること
利益獲得能力	財務報告書における税引前利益が次のいずれかの基準を満たしており，かつ直近の事業年度の決算において累積欠損の状況でないこと (1) 期末の財務報告書上の株主資本に占める税引前利益の割合が，直近2事業年度のいずれにおいても100分の6に達していること	以下の(1)(2)のいずれかを満たすこと (1)「収益力」基準： 　会計士による監査を受けた財務報告書において，株主資本に占める税引前利益の割合が次のいずれかの条件を満たし，かつ直近の事業年度の税引前利益が400万台湾ドルを下回っていないこと

	(2) 期末財務報告書上の株主資本に占める税引前利益の割合が，直近2事業年度の平均の100分の6に達しており，かつ直近事業年度の利益獲得能力がその前事業年度よりも上回っていること (3) 期末財務報告上の株主資本に占める税引前利益の割合が，直近5事業年度のいずれにおいても100分の3に達していること	① 直近事業年度において100分の4に達しており，かつ決算において累積欠損の状況でないこと ② 直近2事業年度において，いずれも100分の3に達していること ③ 直近2事業年度の平均が100分の3に達しており，かつ直近事業年度の収益力がその前事業年度を上回ること (2) 次の「純資産額，売上高及び営業活動によるキャッシュフロー」基準を同時に満たしていること ① 会計士による監査またはレビューを受けた直近の財務報告書の純資産額が6億台湾ドルに達しており，かつ株主資本の3分の2を下回らないこと ② 直近事業年度の主たる業務より獲得した売上高が20億台湾ドルに達しており，かつ前事業年度を上回っていること ③ 直近事業年度における営業活動によるキャッシュフローの金額がプラスであること
株式の流通	記名株主数が1,000名以上であり，会社内部者及びそれら内部者の持株比率が100分の50を上回る法人以外の記名株主数が500人を下回らず，かつ当該500人を下回らない記名株主の所有株式の合計が発行済み株式総数の100分の20以上または1,000万株を達していること	会社内部者で構成される持株比率が100分の50を上回る法人以外の記名株主数が300人を下回っておらず，かつ当該300人を下回らない記名株主の所有株数の合計が発行済み株式数の100分の20以上または1,000万株を超えていること

台湾証券取引所の上場にかかる他の要件

時価総額が50億台湾ドルに達する場合

以下の要件を満たすことで上場が承認されます。

① 上記の設立要件，会社規模要件，利益獲得能力要件，及び株式流通要件を満たすこと

② 直近事業年度における売上高が50億台湾ドルを上回り，かつその前事業年度を上回ること

③ 直近事業年度における営業活動によるキャッシュフローの金額がプラスであること

④ 直近期及び直近１事業年度の財務報告書の純資産額が財務報告上の株主資本の３分の２以上であること

時価総額が60億台湾ドルに達する場合

以下の要件を満たすことで上場が承認されます。

① 上記の設立要件，会社規模要件，利益獲得能力要件，及び株式流通要件を満たすこと

② 直近の事業年度における売上高が30億台湾ドルを上回り，かつその前事業年度を上回ること

③ 直近期及び直近１事業年度の財務報告書の純資産額が当該財務報告書上の株主資本の３分の２以上であること

Q101 外国会社の直接上場

外国会社が直接上場することは可能ですか。その場合の形式要件を教えてください。

Answer

外国会社は，上場するための要件を満たし，申請認可を受けることで，台湾の株式市場に直接上場することも可能です。ここでは，外国発行者による株式の上場の申請条件について記載します（第二上場についてはQ102参照）。

項目	要件
設立年数	上場申請時において，申請会社またはその任意の従属会社は，3年以上の業務記録を有していること
会社規模（右記いずれかを満たすことが必要）	① 上場申請時の払込資本金または純資産額が6億台湾ドルに達していること ② 上場時の時価が16億台湾ドル以上に達していること
利益獲得能力	直近3事業年度の税引前利益の累計が2億5,000万台湾ドルに達し，かつ直近事業年度の税引前利益が1億2,000万台湾ドルに達しており，また，累積欠損の状況でないこと
株式の流通	記名株主数が1,000名以上であり，会社内部者及びそれら内部者の持株比率が100分の50を上回る法人以外の記名株主数が500人を下回らず，かつ当該500人を下回らない記名株主の所有株式の合計が発行済み株式総数の100分の20以上または1,000万株を超えていること
上場時の新規発行取引株式数の見込み	発行済み株式総数の100分の50を上回っていること
証券引受会社の推薦	2社以上の証券引受会社の書面による推薦があること
董事の派遣	外国発行者が直接または間接的に董事会の過半数の董事をまたは選任または派遣している会社であること

● 特例要件

時価総額が50億台湾ドルに達する場合

　以下の要件を満たすことで上場が承認されます。

　・上記の設立要件，会社規模要件の①，利益獲得能力要件，及び証券引受会社の推薦要件を満たすこと。

　・直近事業年度における売上高が50億台湾ドルを上回り，かつその前事業年度を上回っていること。

　・直近事業年度における営業活動によるキャッシュフローが正数であること。

　・直近四半期及び直近事業年度の財務報告書の純資産額が財務報告上の株主資本の3分の2以上であること。

時価総額が60億台湾ドルに達する場合

　以下の要件を満たすことで上場が承認されます。

・上記の設立要件，会社規模要件の①，利益獲得能力要件，及び証券引受会
　社の推薦要件を満たすこと。

・直近事業年度における売上高が30億台湾ドルを上回り，かつその前事業年
　度を上回っていること。

・直近四半期及び直近事業年度の財務報告書の純資産額が財務報告上の株主
　資本の３分の２以上であること。

Q102 セカンダリー上場

　台湾では，外国の証券市場に上場している企業の株式の第二
上場（セカンダリー上場）は可能ですか。その場合の形式要件を
教えてください。

Answer

　株式の第二上場（セカンダリー上場）とは，既に外国の証券市場に上場してい
る企業が，政府の認可の下，その株式を台湾でも上場させることを言います。

　台湾証券取引所や店頭市場に公開する方法や，台湾預託証券の方法（TDR：
Taiwan Depositary Reciepts）があります。このうち，外国発行者がその発行する
株式を台湾証券取引所に第二上場する申請については，次の各号の条件を満た
す必要があります。

項目	要件
上場株数	2,000万株以上であるか，または時価が３億台湾ドルに達していること。但し，その発行済み株式総数の100分の50を超えてはならない
主管機関の審査	外国発行者が登記地国の法律に基づいて発行した記名株式について，上場申請の新規発行取引を行う前に，主管機関が審査した海外証券市場の主要株式市場において新規発行取引を行っていること
純資産額	上場申請時における会計士による監査済みの直近四半期に財務報告書上の純資産額が６億台湾ドル以上であること
利益獲得能力	直近の事業年度において累積欠損の状況になく，次のいずれかの基準を満たすこと ①　期末の純資産額に占める税引前利益の割合が，直近１年度において100分の６以上であること ②　期末の純資産額に占める税引前利益の割合が，直近２年度いずれも100分の３に達していること，またはその平均が100分の３に達しており，かつ直近年度の収益力がその前事業年度を上回っていること ③　直近２年度の税引前利益がいずれも２億5,000万台湾ドルに達していること
株式の流通	上場時において，台湾内の記名株主数が1,000名を下回っておらず，かつ外国発行者の内部者及びそれら内部者の持株比率が100分の50を上回る法人以外の株主を除いた者の所有株式の合計が発行済み株式総数の100分の20以上または1,000万株以上であること
その他	上場を申請する株式については，その他の証券市場において既に新規発行取引を行っているものと同種のものに限り，かつその権利・義務が，それがその他の証券市場において同種の株式を発行する場合と同一であり，株式の保有者がその投資する株式を海外証券市場において売却することを制限していないこと その他の証券市場において既に新規発行取引を行っている株式は，外国株式の上場契約が発行されるまでの３か月の期間において，異常な株価変動の事実がないこと

※純資産額，利益獲得能力にかかる財務資料については，当該外国発行者が登記地国または上場地国の法令に従って作成した連結財務諸表または連結財務資料とし，台湾の会計士が台湾と外国発行者の登記地国または上場地国において適用される会計基準の相違点，及び財務報告書に対する影響について表明する意見を審査の根拠とします。また，外国発行者は，書面をもって，上場後に当該会社と重大情報の自動同時届出システムを構築することを承諾するものとされています。

　台湾の公開発行会社の財務報告の開示ルールや内部統制監査の必要性について教えてください。

Answer

　台湾の公開発行会社については，証券取引法等の規定に基づき，財務報告等の開示が必要となります。定期的に開示するべきもの，または適時に開示すべき事項は以下の通りです。

＜定期開示＞

① 　年度財務報告：会計年度終了後3か月以内に開示。また，会計士による監査が必要。

② 　四半期財務報告：四半期決算終了後45日以内。また，会計士によるレビューが必要。

③ 　毎月の事業運営状況（連結売上収益）：月初10日前までに前月の連結売上収益を開示

④ 　年報

⑤ 　董事，監察人，経理人，及び10％以上の持分比率を有する株主の変動状況

⑥ 　株主総会開催資料

⑦ 　その他，デリバティブ取引への従事，他者への資金貸付状況，他者への裏書保証など

＜適時開示事項＞

① 　年度財務諸表と公告されている財務報告の不一致

② 　株主の権益や証券価格に重要な影響を与える事項の発生（例：手形の不渡り，訴訟，会社に対する行政処分等の財務や事業に重要な影響を与える事項，総経

理または３分の１以上の董事の変動がある場合）

③　重要な資産の取得または処分

④　予測財務情報の開示　　など

　また，台湾の公開発行会社では，公開発行会社の内部統制制度の構築処理準
則に従い，財務及び事業上，内部統制制度を構築することが義務付けられてい
ます。内部統制制度は，会社の事業活動すべてを網羅する必要があり，以下の
主要なビジネスサイクルごとに定めるものとされています。

＜９大ビジネスサイクル＞

①　販売及び回収サイクル

②　購買及び支払サイクル

③　研究開発サイクル

④　投資サイクル

⑤　給与サイクル

⑥　生産サイクル

⑦　融資サイクル

⑧　有形固定資産サイクル

⑨　コンピューター化された情報の使用処理作業

　　但し，会社の業種の特性によって該当サイクルが含まれない場合，実際の
事業運営活動に基づき自ら調整することができるものとされています。

　このほか，コンピューター化された情報の使用処理にかかる内部統制作業と
その他統制作業プロセスが定められています。

コンピューター化された情報の使用処理	その他統制作業プロセス
・IT部門及びユーザー部門の職務責任の分離	・印鑑使用の管理 ・手形の申請・使用の管理

・情報処理部門の機能及び職務責任の分離	・予算の管理
・システム開発及びプログラム修正にかかる統制	・財産の管理
・システム関連書類の編集にかかる統制	・裏書保証の管理
・プログラム及びデータアクセスにかかる統制	・負債承諾事項・偶発事項の管理
・データのインプット・アウトプットにかかる統制	・職務授権及び代理人制度の実施
・データ処理にかかる統制	・第三者への資金貸与の管理
・ファイル及び設備のセキュリティ統制	・財務及び非財務情報の管理
・ハードウェア及びシステムソフトウェアの購入，使用及び保守にかかる統制	・関連当事者間取引の管理
・システム復元計画制度及びテスト手続きにかかる統制	・財務諸表作成プロセスの管理（IFRS適用にかかる管理，会計上の専門的な判断プロセス，会計方針及び会計上の見積もりの変動のプロセスなどが含まれる）
・情報セキュリティの検査にかかる統制	・子会社に対する監督及び管理
・公開情報申告に関連する作業にかかる統制	・董事会の議事運営管理
	・株式事務作業の管理
	・個人情報保護の管理
	・給与報酬委員会運営の管理
	・インサイダー防止の管理

　公開発行会社は，毎期一度は自己評価を行い，内部統制監査部門はその結果の評価を踏まえて，内部統制上の問題点と改善状況を経営者に報告するものとされています。これを受けて，経営者は，会社全体の内部統制の有効性を評価し，内部統制制度にかかる声明書を期末後３か月以内に公告します。

　他方，日本におけるJ-SOX制度のような外部監査人による内部統制制度及び内部統制監査に対する外部の継続評価制度はありません。

　台湾の場合，株式の公開の申請年度及びその後２年度についてのみ外部監査人の評価報告が求められます。この際，公開申請会社は内部統制の評価を行い，外部監査人はこれに対して監査を行った上で内部統制監査報告書が提出されます。

　世界にはグローバルで展開している企業が多くあります。これらの多くの企業が株式を上場させ，多くの投資家が世界で活躍する企業に注目をしています。

　Apple，Microsoft，Google（Alphabet），Amazon，Meta Platformといったアメリカ企業のほか，TencentやAlibabaといった中国企業もグローバルに展開をしています。

　さて，客観的な企業価値を示す一つの指標として，発行株式の時価総額がありますが，そのランキングはどうなっているのでしょうか。株式時価なので変動がありますが，2022年末現在，50位以内は上記の会社を筆頭にアメリカ企業が大半となっています。台湾企業については，台湾を代表する半導体受託製造大手TSMCが10位前後に入っています。日本の熊本県への進出で有名となりましたが，台湾企業の中でもTSMCは突出して高い時価総額となっています（2024年1月31日時点の時価総額：16兆2,853億台湾ドル（約5,220億米ドル））。日本ではトヨタ自動車がトップですが，2024年1月31日時点の時価総額48兆9,449億円（約3,318億米ドル）となっており，TSMCの規模の大きさがうかがえます。日台の架け橋ともなっているTSMC，これからもその活躍が楽しみです。

[　用語索引　]

[あ]

一例一休 ……………………………169
印紙税 ………………………………128
営業税-非付加価値型 ………………99
営業税-付加価値型 …………………98
営業代理人 …………………………86

[か]

家屋税 ………………………………205
科学園区・サイエンスパーク ………12
家族呼び寄せビザ …………………140
為替差損益 …………………………84
簡易M&A …………………………198
基本所得額 …………………………120
基本税額 ……………………………120
基本生活費 …………………………161
求職ビザ ……………………………141
旧制度退職金 ………………………185
給与所得特別控除 …………………160
教育費・学費特別控除 ……………160
行政訴訟 ……………………………125
居住者 ………………………………148
居留証・外国人居留証
　（ARC：Alien Residence Certificate）
　………………………………………141
居留ビザ ……………………………140
勤務地の変更 ………………………143
国別報告書（CbCR）………………118
経済部 ………………………………12

契約税 ………………………………207
契約履行 ……………………………136
研究開発投資控除 …………………28
恒久的施設（PE）…………………95
広告宣伝費 …………………………81
固定営業場所 ………………………85
固定資産耐用年数表 ………………75
娯楽税 ………………………………130

[さ]

財産税 ………………………………206
財産取引損失特別控除 ……………160
産業創新条例 ………………………28
三連式統一発票 ……………………101
CFC税制 ……………………………131
事前確認制度 ………………………93
支払手数料 …………………………81
就学前児童特別控除 ………………161
就業服務法 …………………………177
就業保険 ……………………………183
住所地の変更 ………………………143
障害者特別控除 ……………………160
証券取引所得税 ……………………126
証券取引税 …………………………126
使用料 ………………………………93
職災保険 ……………………………183
新制度退職金 ………………………185
スマートマシン・5G・情報セキュリティ
　関連投資税額控除 …………………29
税務監査 ……………………………73

税務登記 ……………………………… 105
整理解雇事由 ………………………… 174
セーフハーバー（移転価格報告書提出）
　………………………………………… 117
セーフハーバー（マスターファイル・国
　別報告書提出） ……………………… 119
セクシャルハラスメント防止法 …… 178
総合所得額 …………………………… 159
相互協議 ………………………………… 93
相続税・遺産税 ……………………… 128
贈与税 ………………………………… 128
訴願 …………………………………… 124
尊属親族訪問停留ビザ ……………… 140
地価税 ………………………………… 205

[た]

台湾版CHIPS法 ……………………… 29
タックスヘイブン税制 ……………… 130
男女雇用機会均等法 ………………… 178
懲戒解雇事由 ………………………… 174
長期介護特別控除 …………………… 161
停留ビザ ……………………………… 140
デッドロック条項 ……………………… 31
電子役務 ……………………………… 109
電子発票 ……………………………… 101
投資審議司（旧投資審議委員会） …… 12
特定費用控除 ………………………… 160
土地増値税 ……………………… 126,206
取引所得税 …………………………… 207

[な]

二連式統一発票 ……………………… 101
ネガティブリスト ……………………… 15

[は]

配偶者免税額 ………………………… 159
非居住者 ……………………………… 148
非対称合併 …………………………… 198
非対称株式移転 ……………………… 198
非対称株式交換 ……………………… 198
非対称株式分割 ……………………… 198
標準控除 ……………………………… 159
復査 …………………………………… 124
不動産取得税 ………………………… 127
扶養親族免税額 ……………………… 159
房地合一税 …………………………… 208
保税エリア …………………………… 114
補足保険料 …………………………… 181

[ま]

マスターファイル …………………… 118

[ら]

旅費 ……………………………………… 83
累進税率 ……………………………… 162
列挙控除 ……………………………… 159
ロイヤリティ …………………………… 93
労工保険 ……………………………… 183
労働事件法 …………………………… 179

［執筆者紹介］

橋本　純也（はしもと　じゅんや）

EY台湾パートナー，副総経理。日本国公認会計士。2005年にEY新日本有限責任監査法人に入所後，IT，エンターテインメント，製造業，小売業，卸売業等の監査業務のほか，組織再編，J―SOX・内部統制に係る助言指導業務，IPO支援等，日本にて幅広い業務に従事。2016年よりEY台湾にて業務を開始。台湾では，日系企業や日本に関係会社を有する台湾企業に対して，監査，税務，設立・投資や組織再編，法務等のサポートを展開。台湾会計制度，税務制度，法令等の情報発信のほか，講演・セミナーも多数主催。EY台湾JBS（ジャパン・ビジネス・サービス）主担当。

［　編集協力者　］

田甫　吉識（たんぽ　よしのり）

EY新日本有限責任監査法人マネージャー。日本国公認会計士。2001年に新日本監査法人（現EY新日本有限責任監査法人）に入所後，建設業等の監査に従事。その後，外務省出向を経て，2009年から2013年までSGV＆Co.（EYフィリピン）に駐在。日系企業担当として日系企業の担当として，日系現地法人の会計，監査，税務，その他コンサルティングに従事。帰任後は監査業務を行う傍ら東南アジア，アフリカをはじめとした新興国のへの進出支援業務に従事。

［ EY台湾　ジャパン・ビジネス・サービス（JBS）
　　　主要メンバーのご紹介 ］

傅文芳（Andrew Fuh）
EY台湾所長，JBSリーダー。公認会計士（台湾）。

黄建澤（James Huang）
EY台湾監査部門リーダー。公認会計士（台湾）。

劉惠雯（Heidi Liu）
EY台湾税務部門リーダー。公認会計士（台湾）。

張騰龍（Tony Chang）
EY台湾コンサルティング部門リーダー。公認会計士（アメリカ），国際公認情報システム監査人（CISA）。

何淑芬（Audry Ho）
EY台湾ストラテジーアンドトランザクション部門リーダー。

持木直樹（もちぎ　なおき）
EY新日本有限責任監査法人より出向。監査部門シニアマネージャー。

竹之内真美（たけのうち　まみ）
EY台湾JBS，専門メンバー。

黄美菁（Meijing Huang）
EY台湾JBS，専門メンバー。

王佳文（Humika Wang）
EY台湾JBS，専門メンバー。

侯雅琪（Anny Ho）
EY台湾JBS，専門メンバー。

謝宇筑（Monica Hsieh）
EY台湾JBS，専門メンバー。

[　オフィス　]

EY新日本有限責任監査法人

〒100-0006　東京都千代田区有楽町一丁目1番2号
　　　　　　東京ミッドタウン日比谷　日比谷三井タワー

TEL：03-3503-1100（代表）

EY税理士法人

〒100-0006　東京都千代田区有楽町一丁目1番2号
　　　　　　東京ミッドタウン日比谷　日比谷三井タワー

TEL：03-3506-2411（代表）

EYストラテジー・アンド・コンサルティング株式会社

〒100-0006　東京都千代田区有楽町一丁目1番2号
　　　　　　東京ミッドタウン日比谷　日比谷三井タワー

TEL：03-3503-3500（代表）

Ernst & Young　安永聯合會計師事務所

台湾台北市基隆路一段333號9樓　（9F, No. 333. Sec. 1, Keelung Road, Taipei City 11012, Taiwan）

TEL：+886　2　2757 8888

EY | Building a better working world

EYは，「Building a better working world ～より良い社会の構築を目指して」をパーパス（存在意義）としています。クライアント，人々，そして社会のために長期的価値を創出し，資本市場における信頼の構築に貢献します。

150カ国以上に展開するEYのチームは，データとテクノロジーの実現により信頼を提供し，クライアントの成長，変革および事業を支援します。

アシュアランス，コンサルティング，法務，ストラテジー，税務およびトランザクションの全サービスを通して，世界が直面する複雑な問題に対し優れた課題提起（better question）をすることで，新たな解決策を導きます。

EYとは，アーンスト・アンド・ヤング・グローバル・リミテッドのグローバルネットワークであり，単体，もしくは複数のメンバーファームを指し，各メンバーファームは法的に独立した組織です。アーンスト・アンド・ヤング・グローバル・リミテッドは，英国の保証有限責任会社であり，顧客サービスは提供していません。EYによる個人情報の取得・利用の方法や，データ保護に関する法令により個人情報の主体が有する権利については，ey.com/privacyをご確認ください。EYのメンバーファームは，現地の法令により禁止されている場合，法務サービスを提供することはありません。EYについて詳しくは，ey.comをご覧ください。

EY新日本有限責任監査法人について

EY新日本有限責任監査法人は，EYの日本におけるメンバーファームであり，監査および保証業務を中心に，アドバイザリーサービスなどを提供しています。詳しくはey.com/ja_jp/people/ey-shinnihon-llc をご覧ください。

本書は一般的な参考情報の提供のみを目的に作成されており，会計，税務およびその他の専門的なアドバイスを行うものではありません。EY新日本有限責任監査法人および他のEYメンバーファームは，皆様が本書を利用したことにより被ったいかなる損害についても，一切の責任を負いません。具体的なアドバイスが必要な場合は，個別に専門家にご相談ください。

ey.com/ja_jp

海外進出の実務シリーズ

台湾の会計・税務・法務Q&A

2024年6月30日　初版発行

編　者　EY新日本有限責任監査法人

発行者　大坪克行

発行所　株式会社 税務経理協会
〒161-0033東京都新宿区下落合1丁目1番3号
http://www.zeikei.co.jp
03-6304-0505

印　刷　美研プリンティング株式会社

製　本　牧製本印刷株式会社

本書についての
ご意見・ご感想はコチラ

http://www.zeikei.co.jp/contact/

ISBN 978-4-419-06964-3　C3034